자기노출

Self-Disclosure

by Valerian J. Derlega, Sandra Metts, Sandra Petronio, Stephen T. Margulis

자기노출

친밀한 관계 형성의 중요한 요소

V.J. 델레가 · S. 메츠 · S. 페트로니오 · S.T. 마굴리스 지음

이두희 · 임승희 · 전기홍 옮김

고려대학교출판부
KOREA UNIVERSITY PRESS

서문

이 책은 친밀한 인간관계에서 자기노출의 작용을 살펴보는 데 초점을 맞췄다. 우리는 각각의 개인들이 그들의 관계 상대와 어떤 방식으로 협상하는지 보여 줄 것이다. 무엇을, 언제, 어디서, 그리고 어떻게, 그들은 그들 자신과 서로 간의 관계에 대한 개인적 느낌과 생각들을 주고받는가? 비록 자기노출이란 것이 관계의 친밀도와 등가의 의미는 아니며 하물며 친밀한 정도를 규정하지도 못하지만, 그러나 관계의 발전과 유지, 그리고 악화의 주된 요인의 하나인 것만은 사실이다. 거꾸로 관계 상대 간의 밀접함의 정도가(그 개인들이 지인인지 친구인지 연인인지 친척인지의 여부) 자기노출의 의미와 효과에 영향을 끼친다.

이 책에서 우리는 네 가지 주요 주제에 초점을 맞추어 자기노출이 관계에서 어떤 작용을 하고 관계를 맺는 사람들 사이에서 어떤 상호작용을 하는지 살펴보고자 한다. 네 가지 주요 주제는 다음과 같다. 첫째 친밀한 관계와 자기노출은 어떻게 상호 영향을 미치며, 둘째 남녀 간 문화적 차이는 어떻게 자기노출에 영향을 미치는지, 셋째 자신의 개인적 정보를 공개할 때 감수하게 되는 위험과 취약성은 관계 당사자들이 프라이버시를 조절하게끔 영향을 미치는가, 넷째 자신에게 스트레스를 주는 일에 대한 고민을 털어놓는 자기노출 행위의 자발성 정도와 관련하여, 자기노출이 어떻게 불쾌한 일상의 문제들에 대처하는 방안과 사회적 지원을 얻는 수단이 되는가 하는 것이다.

우리는 이러한 주제들 및 자기노출과 관련된 문제들을 다루고 있는 이 책이 친밀한 인간관계 연구에 관심을 갖고 있는 학생, 연구자, 그리고 현장 전문가들에게 도움이 되었으면 하는 바람이다. 한 가지 더 밝혀 두자면 자기노출 연구와 관련된 다양한 주제들에 관한 자료들이 어떻게 수집될 수 있는가를 예시하기 위해 우리는 2장부터 5장에 걸쳐 관련 설문지들을 첨부하였다.

이 책의 출간에 도움을 준 세지Sage 출판사 '친밀한 관계 시리즈'의 편집자 클라이드 헨드릭과 수잔 헨드릭은 인내심을 갖고 책에 대한 조언을 아끼지 않은 점에 특별히 고마움을 느낀다. 또한 초고부터 이 책이 나오기까지 도움을 준 친밀한 관계를 연구하고 있는 동료들과 이 책에 인용된 자료를 사용할 수 있도록 저작권을 허락해 주신 분들께 감사를 표한다.

이 책을 쓰는 동안 느꼈던 많은 즐거움 중의 하나는 관련 분야들이기는 하지만 서로 다른 분야에서 훈련받고 연구해 오던 저자들이 공동으로 함께 학제 간 연구를 수행할 기회를 가졌다는 것이다. 사회심리학 교육을 받은 발레리안 델레가와 스티븐 마굴리스, 그리고 커뮤니케이션 교육을 받은 산드라 메츠와 산드라 페트로니오와 같이 커뮤니케이션, 사회심리학, 그리고 가족학 등의 친밀한 관계 관련 전문가들과 계속적인 토론을 할 수 있었다는 것은 매우 큰 행운이었다.

끝으로 우리는 지병으로 인해 불의의 죽음을 당한 존 베르그(1952년 5월-1991년 5월 20일)에게 애도를 표한다. 존은 친밀한 관계에서 자기노출에 관한 연구와 이론 개발에 탁월한 기여를 하였다. 존은 우리와 함께 이 책을 저술하기로 계획했었다. 우리는 그에게 이 책을 바치고자 한다.

차례

1

자기노출

친밀한 관계 연구 시 유용한 행동

자기노출이란 '어떤 한 개인이 자신의 생각, 느낌과 경험 등을 다른 사람에게 언어적으로 나타내는 것'으로 친밀한 관계 형성에 중요한 역할을 한다. 당신이 어떤 파티에서 누군가를 소개받았다고 상상해 보라. 당신이라면 그에게 어떤 이야기를 건넬 것인가? 당신은 음악이나 파티에 참석한 사람들에 대해 이야기할 수도 있는데, 이 경우 당신은 아직 자기를 노출할 의사가 없기 때문이다. 그러나 만약 그가 당신과 비슷한 외모나 의견을 가졌다는 사실을 발견하거나, 또는 다른 어떤 점 때문에 그에게 매력을 느꼈다면, 당신에 관한 것—출신이 어디고, 어느 학교를 다녔는지 등—을 그에게 이야기하거나, 그에게 어떤 질문을 시작할지도 모른다. 당신은 곧 그에 대한 새로운 것들을 알게 될 것이고, 그도 당신에 관해 그리하게 될 것이다. 관계라는 것은 이러한 자기노출 없이 시작될 수 있다고 상상하기 어렵다. 만일 당신이 상대에게 호감을 느꼈다면 당신은 상대의 더 많은 것을 알려고 할 것이며, 당신 자신에 관한 정보도 더 많이 공유하려고 할 것이다. 즉 당신은 당신의 견해, 느낌, 개인적인 경험 등과 같은 보다 사적인 정보를 공개하기 시작할 것이다. 만약 당신의 새로운 친구 역시 당신을 좋아한다면, 그 또한 자신의 개인적인 정보를 공개할 것이다. 이처럼 자기노출은 친밀한 관계 발전의 중요한 요소이다.

자기노출은 노출되는 정보만큼 서로를 알 수 있게 한다. 뿐만 아니라 누군가에게 자신의 사적인 일들을 진심으로 말한다는 것은 단순히 공개한 내용 그 이상의 어떤 정보를 전달하고 있는 것이다. 이를테면 자기노출은 자신이 공개한 정보에 상대가 적절히 대응해 준다거나, 경우에 따라 그것을 둘만의 비밀로 지켜 줄 것이라는 믿음을 전제로 한다. 때문에 내가 상대로부터 매우 개인적인 정보를 듣게 되면, 그가 나를 신뢰하고 나의 반응을 소중히 여긴다는 사실을 직감하고 그를 더욱 친근하게 느끼게 되는 것이다.

친밀한 관계 연구 분야에서, 자기노출에 관한 초기 연구—사회교환 이론(Levinger & Snoek, 1972), 사회침투 이론(Altman & Taylor, 1973), 인본주의적 심리학(Jourard, 1971b; Rogers, 1970) 등—는 자기노출과 친밀한 관계는 동일한 의미를 나타낸다고 지적하였다. 자기노출은 친밀한 관계 발전에 기여(예를 들면 자기노출은 상대로 하여금 둘의 관계가 제대로 이루어지고 있는지를 추론하는 데 사용할 수 있다)할 수 있을 뿐만 아니라, 친밀한 관계 유지에도 기여(관계 당사자들은 상대방의 마음을 그냥 읽으려고 하기보다는 대신 관계에 대한 상대의 불만을 서로 주의 깊게 들으려 한다)할 수 있다는 것이다. 그러나 개인 간 자기노출이 친밀한 관계 형성과 동일한 것은 아니다. 예를 들어 '첫눈에 사랑에 빠지는 것'을 생각해 보라. 이따금 우리는 잘 모르는 사람에게 특별한 친밀감을 느끼곤 한다. 이럴 때, 사실 시간이 지남에 따라 그 사람에 대해 많은 것을 알게 될 수도 있지만, 상대방에게 호감을 느끼게 되는 첫 느낌이 반드시 친밀한 자기노출을 필요로 하는 것은 아니다. 또한 친밀한 관계가 형성된 경우라고 해도, 둘은 서로에게 어떤 개인적 정보에 대해서는 말하지 않을 수도 있다. 서로 친밀한 관계에 있는 사람들은 이야기하지 말아야 할 것뿐만 아니라 이야기해야 할 것에 대해서도 서로 협상해 나간다. 또한 사람들마다 잠재적으로 관계를 맺고 싶은 사람에 대해 알아 가는 방식에 있어 자기노출 이외의 다른 여러 방법을 사용할 수도 있고(Baxter & Wilmot, 1984), 그들의 느낌이나 생각에 대해서 직접적으로 말하지 않고서도 그들 자신에 관한 정보를 전달할 수 있는 여러 방법을 갖고 있을 수 있다(Patterson, 1990).

자기노출에 대한 기능적 분석

자기노출은 인간관계에 있어 다양한 기능과 목적을 제공한다(Archer, 1987; Derlega & Grzelak, 1979; Miller & Read, 1987). 우리는 앞서 자기노출의 목적인 관계 발선에 대해 언급했다. 자기노출의 또 다른 목적은 자신의 생각이나 느낌에 관한 피드백을 다른 사람으로부터 받거나, 인생의 문제에 대해 도움을 받는 등의 사회적 확인이다. 아울러 자기노출은 자신에 대해 좋은 인상을 형성할 수 있게끔 하는 정보만을 선택적으로 제공함으로써 사회적 자기 관리를 위한 수단으로 사용되기도 한다.

사람들은 사회적으로 관계를 맺는 동안 어떤 정보의 공개 혹은 수용 여부를 결정할 때 상대방뿐만 아니라 자신의 이익까지도 고려하게 된다. 그러나 자기노출은 또한 다른 사람의 욕구와는 상충하는 개인적 목적을 만족시키기 위해 사용되기도 한다. 예를 들어 자기노출에 있어 상호성의 규범norm of reciprocity을 생각해 보자. 어떤 사람이 자신의 개인적인 정보를 공개할 때, 정보 수용자는 자신도 상대의 자기노출에 대한 반응으로 뭔가 자신의 개인적인 정보를 얘기하거나 혹은 자신이 들은 것을 이해하고 있다거나 그에 대해 관심을 가지고 듣고 있음을 알릴 수 있는 행동을 하도록 요구받게 될 것이다(Berg, 1987; Berg & Archer, 1980; Chaikin & Derlega, 1974). 당신은 초면임에도 불구하고 자신의 매우 사적인 것들을 늘어놓는 사람과 대화를 나눈 경험이 있을 것이다. 만약 우리가 이런 사람과 관계를 발전시키는 것에 관심이 없다면 상대방의 매우 사적인 자기노출이 불편하게 느껴질 수도 있다. 아마도 우리는 의식하지도 못한 채, 진정으로 관계 발전을 원하지 않을 때라도 개인적 정보를 공개해야 한다는 암묵적 가정에 반응하고 있는 것인지도 모른다.

성공적인 관계를 맺음에 있어 관계 당사자들은 서로 무엇을 이야기할 것인가를 논의하고 절충해야 한다는 것과 자기노출은 어느 한쪽에 의해 독자적으로 결정되지 않는다는 사실을 유념할 필요가 있다(Coupland, Coupland, Giles & Wieman, 1988). 자기노출은 관계 당사자들 간의 지속적인 사회적 상호작용의 일부로써 발생한다. 때문에 서로에 대한 혹은 관계에 대한 개인적 감정을 노출할 것인가의 여부를 포함하여 언제, 어디서, 무엇을, 어떻게 서로에게 의사소통할 것인지를 함께 결정해야 한다. 그러므로 자기노출은 관계 당사자들이 그들의 관계에 대해서 갖고 있는 느낌뿐만 아니라 관계 당사자들이 과거, 현재, 그리고 미래에 걸쳐 지속되는 대화 및 당사자들에게 일어나는 사건들이 제공하는 사회적 상황에 의해서도 영향을 받게 된다. 즉 관계 당사자들 간 관계에 따르는 사회적 정황을 고려하지 않은 채 자기들 스스로 이야기할 것을 결정해 버리지는 않게 된다. 이와 관련해 홀트그레이브(Holtgraves, 1990)는 "자기노출을 개인적인 현상으로 간주하는 것은 잘못된 이해이다. 오히려 자기노출에 있어 중요한 점은 대화를 통해 서로에게 이익을 가져다준다는 점이다. 결국 노출되는 내용과 그것의 유의미성 모두는 두 사람이 나타내는 종합적인 현상으로 간주되어야 할 것이다" (p.196)라고 지적하고 있다.

사람들의 자기노출에 대한 결정은 관계 당사자들뿐만 아니라 관계 그 자체에도 영향을 미친다. 사람들은 자신이 바라는 어떤 인상이나 자기 표상을 창출할 목적으로, 자신이 노출할 메시지를 선택하거나 포장할 것이다. 그러나 서로에게 많은 투자를 하고 서로 몰입되어 있는 친밀한 관계에서라면 사람들은 무엇을 이야기할 것인가와 어떤 방식으로 이야기할 것인가를 함께 협상할 수 있다. 정보 제공자와 정보 수용자 모두는 그들에게 너무 위협적인 주제에 관해 이야기하는 것은 피하려고 할 것이다(예:부정적 감정에 관한 얘기 이후 일어날 일들에 대한 두려움으로 인해, 남편과 아내는 서로에 대해 갖고 있는 어떤 부정적 감정에 관해 이야기하는 것을 꺼릴 수 있다. 예를 들어 실업자 남편이 일이 없다는 것 때문에 당혹스러워한다는 사실을 알고 있기 때문에 아내는 남편에게 그날 구직이 어떻게 되었는지 묻지 않을 것이다). 또한 관계 당사자들은 서로를 보호하기 위해서 직접적이지 않은 간접적인 방법으로 메시지를 공개하거나 받아들이려 할 것이다(Holtgraves, 1990 ; Petronio, 1991). 예를 들면, 만약 당신의 배우자나 룸메이트가 직장에서 좋지 않은 일이 있었다면, 그는 익살스러운 목소리로 "오늘은 좀 색다른 날이었어"라고 말하는 것으로 충분할 수도 있다.

자기노출의 내용

자기노출의 내용은 무엇을 의미하는가? 자기노출의 내용이란 일반적으로 서술적 자기노출과 평가적 자기노출을 지칭한다. 이때 서술적 자기노출descriptive self-disclosures이란 "나의 음주 습관", "나의 구체적인 성생활", "나는 사남매가 있어요" 등과 같이 다소 개인적일 수 있는 자신에 관한 정보와 사실을 공개하는 것이다. 한편 평가적 자기노출evaluative self- disclosures이란 "나는 너에게 내 느낌을 말하는 것이 당황스럽다", "나는 너를 사랑한다", 혹은 "나는 브로콜리를 싫어한다" 등과 같은 개인적인 감정, 의견, 판단을 표현하는 것이다(Morton, 1976, 1978). 이 외에도 공개된 정보의 긍정성-부정성, 정보 공개의 자발성의 정도, 공개된 정보가 정보 노출자나 정보 수신자에게 제공하는 보상 가치, 노출된 정보의 정보성(정보 노출자의 행위에 내재해 있는 원인에 대하여 얼마나 많은 정보를 제공하고 있는가), 노출 행위 자체에 대한 이유나 귀인attribution 등을 포함해서 자기노출은 다른 많은 차원으로도 구분될 수 있다(Chelune, Skiffington & Williams, 1981; Coupland et al., 1988; Derlega & Grzelak, 1979; Holtgaraves, 1990).

자기노출과 관련한 이 책의 초점이 친밀한 관계에서의 자기노출에 맞추어져 있음을 고려할 때, 자기 자신에 대해 공개하는 개인적 자기노출personal self-disclosure과 다른 사람과의 관계나 다른 사람들과의 상호작용 자체에 대해 공개하는 관계적 자기노출relational self-disclosure의 구분은 유용한 구분 방법이 될 것이다(Baxter, 1987; Chelune, Robinson & kommor, 1984; McAdams, 1984). 만약 관계 당사자들이 그들의 관계 상태와 자신들이 어떻게 의사소통하고 상호작용하는지를 서로 이야기하는 것으로부터 이익을 얻을 수 있다면, 관계적 자기노출은 관계를 유지하는 데 있어 잠재적인 역할을 담당하기도 한다(Waring, 1987).

자기노출에 대한 우리의 분석은, 사람들이 다른 사람에게 노출하는 언어적 메시지와 이러한 언어적 메시지 수용자들이 자신이 수용자가 된 것에 대해 어떻게 반응하는가에 초점을 맞추고 있다. 한편 사람들은 목소리의 톤, 손 동작, 혹은 다른 비언어적 의사소통 방법을 통해서 자신의 감정을 노출할 수 있으나 이러한 비언어적 메시지를 통한 자기노출은 이 책의 범위를 넘어서는 것으로 자기노출에 대한 우리의 분석은 언어적 메시지 교환에만 한정하였다. 그러나 자기노출에 언어적 행위와 비언어적 행위가 어떻게 함께 작용하는가를 고려하는 것은 이론적으로 중요한 의미를 갖는다. 올트먼과 테일러(Altman & Taylor, 1973), 아가일과 딘(Argyle & Dean, 1965), 몽고메리(Mongtgomery,

1981; 1984), 패터슨(Patterson, 1990) 등은 이 분야의 중요한 연구자들로 관심이 있는 독자들은 이들의 연구를 참고하기 바란다.

책의 구성

이 책의 목적은 친밀한 관계에서 나타나는 현상들을 이해하는 데 있어 자기노출이 지니는 유용성을 설명하는 데 있다. 각 장은 자기노출의 특정 연구 분야별로 기존 연구들이 다루고 있는 주요 주제들에 초점을 맞추고 있다.

2장에서 우리는 자기노출이 친밀한 관계 발전에 어떻게 영향을 미치는가와 함께 자기노출이 친밀한 관계에 의해 어떻게 영향을 받게 되는가를 설명할 것이다. 또한 친밀한 관계와 자기노출이 어떻게 상호 영향을 주고 받는지mutually transformative, 즉 자기노출과 친밀한 관계는 관계가 발전해 감에 따라 끊임없이 상호작용을 하면서 상호 간에 영향을 미친다는 상호 변형적 관계에 대해 살펴볼 것이다. 이렇듯 자기노출은 관계의 의미와 강도에 영향을 미칠 수 있고, 반면 관계의 본질 또한 자기노출에 대한 반응에 영향을 미칠 수 있다. 이와 더불어 자기노출과 관계 발전 간의 관계에 영향을 미치는 상호 변형 요인transformation agent에 대해서도 논의하게 될 것이다.

3장에서는 친밀한 관계에서 자기노출 행동에 성별이 미치는 영향에 관한 연구들을 살펴보며, 남성과 여성 간 하위문화의 차이가 자기노출에 대한 의사결정을 하는 데 영향을 미칠 수 있음을 제안하였다. 예를 들어 백인, 프로테스탄트, 북유럽 배경을 중요하게 생각하는 북미 문화에서 성장한 남성과 여성들은 상대방과의 친밀한 관계에 대해 서로 중요하게 생각하는 목적이 다를 수 있으며, 이러한 목적의 차이는 그들의 의사소통 행동에 영향을 미칠 수 있다는 것이다. 성별에 따른 하위문화 차이에 주목함으로써 '남성과 여성이 동성 간 관계와 이성 간 관계에서 무엇을 서로에게 말하는가(성별에 따른 자기노출 내용)'에 대한 연구 검토의 지침이 마련되고, '이성 간 대화 시 일어날 수 있는 오해가 어떻게 생길 수 있는가'에 대한 답변이 가능할 것이다.

다음 4장에서 우리는 관계 당사자들이 자신의 개인 정보를 다른 사람과 공유하고 싶은 욕구와 자신의 프라이버시를 보호하고 싶은 욕구 사이에서 어떻게 균형을 유지하는가를 설명할 것이다. 개인 정보의 노출은 위험(예: 정보 수용자에 의해 거절되거나 제3자에게 정보가 공개되는 것 등)을 야기시킬 수 있기 때문에 사람들은 민감한 정보가 노출되는 범위를 제한할 뿐만 아니라, 그들이 노출하는 정보의 양과 종류를 통제함으로써 프라이버시를 유지하려고 한다. 특히 우리는 자기노출과 프라이버시 보호라는 의사결정을, 성공적인 관계에서 관계 당사자들 또는 관계 그 자체에 대한 위험을 피하기 위해 어떻게 조정되어야만 하는지에 대해서 강조하고자 한다.

5장에서는 '스트레스를 감소시키는 자기노출'에 대해 고찰해 보았다. 즉, 자기노출이 스트레스를 주는 사건을 극복하고 사회적 지원을 얻는 데 얼마나 유용한가를 다루었다. 이를 위해 우리는 구체적으로 털어놓기/털어놓지 않기와 건강 간의 관계를 다룬 이론과 연구들을 검토하였다. 이를 통해 자기 정보를 노출한다는 그 행동 자체만으로도 어느 정도 스트레스에 대처하는 방법이 될 수 있다는 자기노출의 심리적 이점을 보여 줄 것이다. 아울러 자기노출 행동에 대해 다른 사람들이 보이는 반응에 의해 자기노출의 사회적 급부가 얼마나 영향을 받는지에 대해 살펴볼 것이다.

마지막 6장 에필로그에서는, 이 책에서 논의했던 주요 내용들을 복습하기 위해 자기노출과 관련된 퀴즈를 제공한다. 그 후 우리는 자기노출이 친밀한 관계 연구와 이해에 핵심 요소라는 것을 지적하면서 이 책의 결론을 내리게 될 것이다. 우리는 독자들이 이러한 우리의 노력을 가치 있고 유용한 것으로 느끼게 되기를 진심으로 희망한다.

2

Self-Disclosure

친밀한 관계의 발전

> 나의 변치 않는 친구이자 내 삶을 지탱해 주는 유일한 존재인 '나의 일기'를 다른 이들이 내게서 가져가려 하는 것이 싫다. 사람들에게서 느끼는 행복은 타인에게 의존적일 수밖에 없는데, 나는 나의 감정을 털어놓고 싶은 기분이 별로 들지 않는다. 때문에 누구든 내게 관심이 없다는 최소한의 표현을 보이는 것만으로 나를 침묵시키기에 충분하다.
>
> -아나이스 닌Anais Nin(1933년 6월), (Stuhlmann, 1966, p.224)

> 종이는 진득하다는 것엔 의심의 여지가 없다. 나는 진정한 친구를 만나기 전까지는 이 두터운 표지의 일기장을 아무에게나 보여 줄 마음이 없는데, 이런 것에 누가 신경이나 쓰겠는가. 그리고 지금 내가 일기를 쓰는 근본적인 이유는 내게 진정한 친구가 없다는 사실 때문이다.
>
> -안네 프랑크Anne Frank(Moffat & Painter, 1974, p.15)

앞의 인용된 두 일기 내용은 자기노출이 지닌 이중적 의미를 잘 설명한다. 즉 자기노출은 상대의 거부 반응이나 무관심한 반응을 야기할 수 있다는 점에서 두려운 모험으로 느껴질 수 있다. 그러나 자기노출은 동시에 자신의 가치를 확신시켜 줄 수 있을 뿐만 아니라 친밀한 관계에 의해 제공받을 수 있는 최고의 보상 중의 하나로 여겨지기도 한다. 아마도 당신이 자기노출과 관련된 나쁜 경험이 있었다면, 다른 사람에게 자신의 중요한 문제를 드러내는 것이 너무 위험한 것이라고 느끼는 아나이스 닌처럼 한동안 자신에 관한 정보 공개를 피해 왔을 것이다. 그러나 당신은 안네 프랑크가 그랬던 것처럼 '진정한 친구'는 당신이 누구이고, 당신이 무엇을 말하는가에 관심을 기울여 주는 사람이라는 것을 인정할 수 있을 것이다.

자기노출이 지닌 복잡한 특성의 일부는, 자기노출의 결과가 말한 사람이 의도했던 것과 달리 어떤 면에서 독립적이라는 점에서 비롯된다. 자기노출의 결과는 어떤 것은 예측 가능하지만 어떤 것은 예측 불가능한 복합적인 결과를 초래한다. 때문에 친밀한 관계의 발전에 있어 자기노출의 역할을 이야기할 때 이 둘이 단순히 원인과 결과의 관계에 있다고 말할 수 없다. 즉 자기노출과 관계라는 이 두 가지 개념은 복잡한 방법으로 서로 관련되어 있기 때문에 자기노출이 언제나 관계를 발전시킨다거나 또는 관계 발전이 언제나 자기노출을 끌어낸다고 말할 수는 없다는 것이다.

이러한 이유로 이 장에서는 관계가 변화되는 상황에 따라 자기노출이 어떻게 작용하는지를 설명하고자 한다. 보다 구체적으로 우리는 1) 관계 당사자들이 관계 규정을 위해 협상의 과정을 밟아 나가고, 2) 개인의 목적을 충족시키기 위해 노력하며, 3) 사회와 가족이라는 네트워크에 편안하게 적응하기 위해 노력해 가는 지속적인 과정 속에서 자기노출이 어떻게 그러한 과정에 영향을 미치고 또 그러한 과정에 의해 어떻게 영향을 받는가에 대해 살펴볼 것이다.

자기노출과 관계 발전의 상호작용적 본질을 표현하는 한 방법으로서 우리는 '상호 변형시키는mutually transformative'이란 표현을 제안한다. 자기노출과 관계가 '상호 변형시킨다'는 것은, 어떤 경우에는 자기노출이 관계의 방향, 정의, 정도를 변화시키지만, 반면에 또 어떤 경우는 관계 그 자체의 본질이 자기노출의 의미와 영향력을 변화시킨다는 것을 의미한다. 자기노출과 관계가 상호 변형시킨다는 것은 친밀한 관계에서의 자기노출을 이해하는 데 있어 매우 중요한 개념이기 때문에 다음에서 좀 더 자세히 살펴보도록 한다.

자기노출 행동과 관계는 상호 변형시킨다

밥과 캐시는 대학교 4학년 때 처음 만나 첫눈에 서로에게 강렬한 매력을 느꼈다. 캐시는 서로 간 믿음에 바탕을 둔 관계를 쌓기 위해 밥에게 자신의 과거 남자 관계에 대해서 이야기했다. 그 말을 들은 밥은 그녀의 정직함을 칭찬하며, 자신에게 중요한 것은 현재라며 그녀를 확신시켰다. 그러나 졸업이 얼마 남지 않았을 무렵 시험, 논문, 구직 등의 스트레스는 둘 사이를 멀어지게 하였다. 그러던 어느 토요일 저녁, 캐시는 동네에 있는 바에서 친구 몇과 춤을 추었다. 그 다음 날 아침 밥은 캐시에게 전화를 걸어 "내가 너를 처음 만났을 때

넌 믿을 수 있는 사람이 아니란 걸 알았어야만 했어!"라며 둘의 관계를 끝내자고 말했다.

자기노출과 관계가 상호 변형시킨다는 말을 이해하기 위해서 자기노출과 관계는 역동적이고 주관적이라는 것을 잠시 동안 생각해 볼 필요가 있다. 자기노출과 관계 모두는 대부분 사람들의 지각에 존재하는 것이다(즉 사람들의 지각에 의해 의미를 갖게 된다). 예를 들어 별로 친하지 않은 사람이 당신과 몇 차례의 긴밀한 대화를 통해 자신에 관한 많은 개인적인 정보들을 말한다면, 당신은 그 사람과 특별한 친구 관계가 형성되었다고 느낄 수도 있다. 특히 당신도 자신에 관한 개인 정보를 그 사람에게 노출했다면 더욱 그렇게 생각하기 쉬울 것이다. 그러나 일반적으로 사람들은 자신의 친한 친구에게 하는 것처럼 상대적으로 낯선 사람에게 자신에 관한 개인 정보를 공개하지는 않는다. 예를 들어, 만약 당신은 당신과 관계 초기에 있는 상대적으로 별로 친하지 않은 그 사람이 자기노출을 하는 것이 적절하지 않다는 생각을 가지고 있어서 그 사람이 하는 그런 이야기를 별로 좋아하지 않는다고 가정해 보자. 그런 경우 당신은 그 사람의 자기노출에 호의적으로 반응하지 않을 것이며, 당신의 그러한 관계에 대한 정의로 인해 관계가 변함에 따라 나타날 수 있는 그 어떤 효과도 극도로 제한될 것이다. 마찬가지로 당신이 애인과 좋은 관계에 있을 때 노출했던 당신의 수치스럽고 실패했던 일들에 대한 기억은 애인과 관계가 나빠지게 되면 비웃음거리로 전락하게 되는데, 이처럼 관계가 변함에 따라 자기노출에 대한 해석이 변화transformation되는 것을 당신은 경험했을 것이다. 그렇다면 언제는 그렇게도 당신의 자기노출을 잘 이해해 주던 당신의 애인이 어떻게 다른 시점에서는 그렇게도 당신의 자기노출에 냉담해질 수 있는 것인가?

관계와 자기노출 간의 이러한 변형이 발생하는 이유는, 전달된 메시지에 의미를 부여하고 또한 부여된 의미에 따라 변화하기도 하는 관계 규칙rule에 대한 기대와 지각, 그리고 이해 등이 얽혀 있는 일종의 틀matrix에 의해 메시지가 받아들여지기 때문이다. 만약 메시지가 자기노출적인 메시지라면, 그러한 메시지를 받아들이는 사람은 단지 그 메시지가 전달하는 정보뿐만 아니라 관계, 제공자의 특성과 의도, 그리고 앞으로의 상호작용에 대한 시사점 등 그 메시지가 말하려는 바가 무엇인가를 모두 고려하여 상대방의 메시지에 반응한다. 앞의 예에서와 같이, 만약 어떤 사람이 자신의 파트너에게 마음의 상처를 주기 위한 수단으로 개인적인 정보를 이용한다면, 그의 마음속에는 그렇게 노출된 정보를 그런 식으로 이용하는 것이 용납될 수 있도록 관계 규칙을 어떻게 해서든 변화시킬 것이다. 물론 그 사람의 파트너는 관계 규칙이 변화한 것을 눈치 챌 것이며, 신뢰와 관련된 다른 영역에서도 어느 한쪽이 손해 보지 않는 공정한 게임이 되어 갈 것이다. 그래서 애인은 때로 적이 될 수 있고, 자기노출은 무기가 될 수도 있는 것이다. 사실 자신의 긍정적인 느낌을 털어놓았을 때조차도(예 : 지난밤 당신을 그리워했소) 화가 난 상대에게는 부정적 메시지로 들릴 수 있다(예: 왜죠? 매 순간 나와 함께 있기를 바라죠?). 즉 자기노출의 메시지는 관계의 본질을 변화시키며, 관계의 본질은 자기노출의 의미와 결과를 변화시킨다. 이러한 과정이 〈그림 2-1〉에 묘사되어 있다.

자기노출과 관계 변화는 서로를 변형시키는 특성이 있다. 이러한 과정이 어떻게 이루어지는지를 이해하기 위해서는 관계 변화 단계와, 자기노출과 관계 간 상호 변형을 살펴볼 필요가 있다.

관계 발전 및 쇠퇴 모델

마크 냅(Mark Nanpp, 1984)은 친구 간의 우정이나 연인 간의 애정 관계가 어떻게 변화하는지를 보다 쉽게 이해시키기 위해, 관계는 각각의 발전 단계로 이루어진 수명 주기life cycle를 따른다는 제안을 하였다. 냅에 따르면 이러한 단계는 행동, 느낌, 생각, 그리고 의사소통에 있어 나타나는 어떤 패턴에 의해 특징 지어진

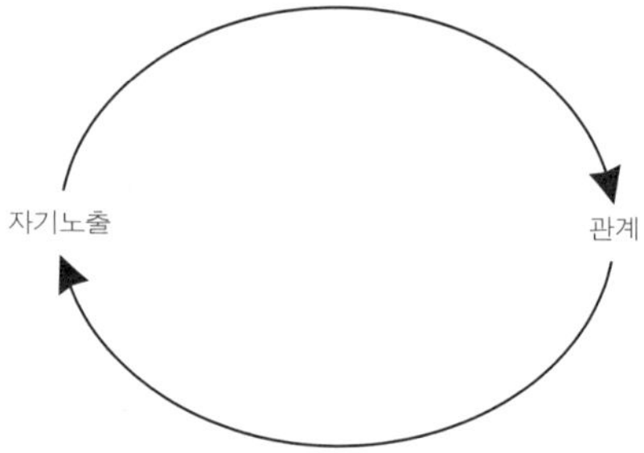

〈그림 2-1〉 자기노출과 관계의 상호 변형

다. 예를 들어 관계의 초기 단계는 불확실성이 높고 서로 간 의사소통은 어색하며 정형화되어 있다. 또한 의사소통의 내용은 비개인적인 것들이며 자신의 판단을 드러내는 내용은 결여되어 있다. 그러나 관계가 발전한 후반의 단계에서는 불확실성이 낮아지고, 의사소통은 좀더 부드럽고 자연스럽게 되며, 자신의 판단을 드러내는 내용의 대화도 많이 나누게 된다. 또한 이 단계에서는 서로 간 감정 표현도 나타난다.

냅과 밴절리스티(Knapp & Vangelisti, 1991)는 그들의 '관계 단계의 계단 모형Staircase model of relationship stages'을 통해 관계란 관계 발전과 관계 쇠퇴의 두 가지 보완적인 과정을 따라 움직인다는 제안을 하였다.

관계 발전 과정은 관계 발전에 따른 시작, 실험, 강화, 통합, 일체의 다섯 단계로 나타난다. 첫 단계인 시작 단계initiating에서 사람들은 비교적 친하지 않은 사람들과 적은 대화를 나누며 자신의 역할에 적합한 행동을 보여 준다. 다음 단계인 실험 단계experimenting에서는 상대방이 좋아하는 것, 주로 하는 활동, 성별, 연령 등과 같은 인구 통계학적 정보 등에 관한 질문을 하고, 이를 통해 상대방과 유사한 점이나 공통 관심사를 드러낼 수 있는 주제를 탐색하게 된다. 이 단계에서는 약간의 자기노출이 나타나기 시작하지만 부정적인 내용이거나 매우 개인적인 정보의 노출은 이루어지지 않는 것이 일반적이다. 세 번째 단계는 강화 단계intensfying인데, 이 단계에서는 자기노출의 넓이와 깊이가 증가하게 된다. 또한 서로에 대한 간여가 상대방과 말투, 어떤 신호

등을 교환하는 과정에서 언어적, 성적, 상징적으로 표현된다. 다음 단계인 통합 단계integrating에서도 자기노출은 지속적으로 증가하게 된다. 이 시기의 또 다른 특징은 관계 당사자들이 속해 있는 사회적 네트워크 내의 사람들이 관계를 형성하고 있는 두 사람들을 커플로 생각하며, 두 사람은 미래를 함께 계획하고 서로 하나라는 정체성을 발전시켜 나간다는 점이다. 관계를 형성하고 있는 두 사람의 관계가 연인의 경우에는 이 단계에서 서로의 미래를 약속하는 약혼반지가 종종 교환된다. 관계 발전의 마지막 단계인 일체 단계bonding는 일반적으로 결혼과 같은 공식적인 의식으로 특징 지워진다. 물론 연인 관계가 아닌 사업상의 파트너 관계나 친구와의 관계에서도 서로 간의 몰입을 드러내는 의식이 있을 수 있다.

냅과 밴절리스티(Knapp & Vangelisti, 1991)는 관계 쇠퇴 과정을 관계 쇠퇴에 따른 분리, 겉돌기, 침체, 회피, 단절의 다섯 단계로 설명하고 있다. 관계 쇠퇴의 첫 단계인 분리 단계differentiating에서 관계를 형성하고 있던 커플은 자신들을 하나라는 정체성으로부터 심리적으로 분리하기 시작하며, 다른 사람들에게 자신들을 커플이 아닌 개인으로 인식시키기 시작한다. 또한 분리 단계에서는 서로 간의 비슷한 점보다는 차이점이 강조된다. 서로가 함께 공유했던 물건들은 각자에게 되돌아가고 함께 공유했던 징표들은 없어지게 된다. 다음 단계인 겉돌기 단계circumscribing에서는 중요한 주제에 대한 대화를 서로 피하게 되고 관계가 좋았을 때 나눴던 미래에 대한 이야기는 현재에 중점을 둔 이야기로 대체된다. 관계 쇠퇴의 세 번째 단계인 침체 단계stagnating에서는 서로 간 물리적 정신적 거리가 너무 뚜렷해져서 갈등조차 거의 일어나지 않는다. 침체 단계에 있는 커플들은 더 싸울거리나 화해의 가능성을 찾는 것은 전혀 도움이 되지 않는다고 생각하기 때문에 서로 간의 관계는 침체 속으로 빠져든다. 침체 단계에 이어 서로 간 나누는 상호작용이 회피avoiding되면, 마침내 공식적인 이혼이나 사소한 마찰에 의해 서로 간의 관계는 단절terminating되는 것이다. 지금까지 설명한 관계 단계의 계단 모형은 〈그림 2-2〉에 제시되어 있다.

계단도 각 단계가 있는 것처럼 친밀감이 깊어지는 것도 임의

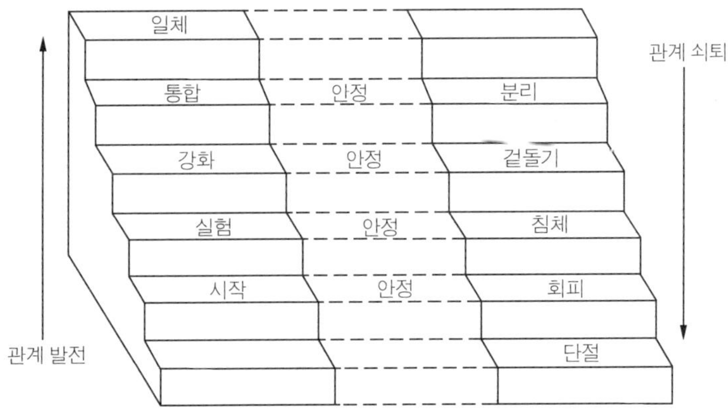

〈그림 2-2〉 관계 단계의 계단 모형

자료 출처:Kanpp, M. L. & A. L. Vangelisti(1991), From Interpersonal Communication & Human Relationships(2nd ed., p.53), Boston: Allyn & Bacon.

적이거나 무질서하게 이루어지는 것이 아니라 체계적이며 연속적으로 각 단계를 거쳐 발전한다. 즉 친밀감이 점차 깊어지는 때에 이전 단계는 다음 단계를 위한 밑거름이 된다. 냅과 밴절리스티(Knapp & Vangelisti, 1991)는 관계 발전의 어떤 단계를 건너뛰고 급속도로 가까워진 것(예: 첫만남에 사랑에 빠져 일주일 만에 결혼에 이른 커플)처럼 보이는 커플조차도 사실상 이전 단계를 통해 관계가 발전하고 재순환한 것이라고 주장한다.

관계가 발전하는 과정처럼 관계가 멀어지는 과정도 체계적이고 연속적인 각 단계를 거치는데, 이 과정은 일반적으로 관계 발전 단계의 역순으로 나타나게 된다. 한편 관계 발전 과정과 쇠퇴 과정의 차이는 각 단계 간의 대응 관계에 반영되어 있다. 예를 들어 관계가 발전하는 실험 단계에서 관계의 당사자들은 상대와 발전하고 싶은 관계 유형은 어떤 것인가를 고르고, 그러한 관계에 도달하기 위한 최선의 방법을 찾기 위한 노력으로 상대방에게 많은 질문을 하고 자기 정보도 공개하는 적극적인 정보 추구자information seeker들이다. 그러나 관계 발전 과정의 실험 단계에 대응하는 관계 쇠퇴 과정의 침체 단계에서는 이러한 경향이 반대로 나타난다. 즉 침체 단계에 있는 이전의 파트너였던 사람들은 자신들은 상대방을 아는 데 필요한 모든 정보를 이미 다 알고 있다고 생각하기 때문에 정보 회피자information avoider가 되는 것이다. 이와 같은 논리로 통합 단계에서는 서로 간 하나라는 정체성이 형성되고, 분리 단계에는 그 하나라는 정체성이 해체되는 반작용이 일어나게 된다.

물론 관계가 형성되기 시작했다고 해서 어느 경우나 일체 단계로까지 발전하는 것은 아니며, 마찬가지로 관계가 쇠퇴하기 시작했다고 해서 반드시 단절 단계로까지 치닫는 것은 아니다. 냅과 밴절리스티(Knapp & Vangelisti, 1991)가 관계 발전과 관계 쇠퇴 과정의 대응 관계 중간 지점을 가리켜 안정화 단계stabilizing라고 하였던 것처럼, 이 단계에서는 더 이상의 발전도 쇠퇴도 일어나지 않으며 단지 현재의 관계 상태만을 지속하는 단계로 나타날 수도 있다. 예를 들면, 무의미한 결혼생활은 침체되었지만 공식적인 이혼에 의해 서로 간 관계가 단절되지는 않은 채 현 상태가 유지되는 경우가 대표적인 예일 것이다.

그러나 관계 단계의 계단 모형은 다음과 같은 점에서 한계점을 지닌다. 예를 들어 모든 선형 모형처럼 계단 모형은 변화와 안정의 기간 사이, 또는 함께 있을 때와 이별할 때 사이를 번갈아 왔다 갔다 하는 것과 같은 관계의 순환적인 움직임을 무시하고 있다(Baxter, 1990). 뿐만 아니라 이러한 역행 가설이 사실이라면 관계가 쇠퇴하는 동안 나누는 대화 주제의 넓이와 깊이는 감소할 것이며, 대화 내용은 덜 개인적인 내용이 되고 덜 동조하는 형태가 될 것이다. 그러나 이러한 내용과 관련된 선행 연구 결과를 살펴보면, 심지어 관계가 소원해진 동안에도 당사자들은 서로를 모를 수가 없기 때문에 상대방이 무엇을 말할지 혹은 어떻게 행동할지를 여전히 예측할 수 있다는 것이다. 사실상 이와 관련한 연구 결과는, 관계가 소원해진 동안 자기노출의 폭은 체계적으로 감소하지만 공개의 깊이는 실제로 어떤 시점까지 증가하고 있음을 보여 준다(Baxter, 1983; Tolhuizen, 1986; Tolstedt & Stokes, 1984). 그러나 여전히 냅과 밴절리스티의 모형은 관계에 대한 우리의 생각과, 일반적으로 관계가 어떻게 발전하고 변화하는지를 체계적으로 정리하는 데 유용한 포괄적인 관점을 제공해 줄 수 있다. 이러한 관점에서 우리는 자기노출 국면들과 연관되어 있는 변화에 초점을 맞출 수 있다.

변형 요인

우리는 자기노출과 관계가 어떻게 상호 변형 과정을 통해 나타나는가를 설명하기 위해 기존 연구에서 이러한 변화 과정의 중요한 요소들로 확인된 몇 가지를 검토해 보고자 한다. 우리는 이러한 요인들을 '변형 요인transformation agents'이라 부르기로 하였다. 변형 요인에는 관계 정의, 시간, 귀인 과정, 호감, 상호성, 목적 등이 포함된다.

우리는 이제부터 변형 요인의 개념을 '관계에서 노출된 정보를 조직화하는 방법'이라는 의미로 사용할 것이다. 관계의 발전과 쇠퇴의 거의 모든 시점에서 많은 변형 요인이 나타날 수 있으며, 때로는 아주 소수의 변형 요인만이 나타날 수도 있다. 예를 들어 어떤 한 커플이 그들의 관계를 유지하고 지속시키고자 할 때, 시간, 귀인 과정, 상호성과 같은 변형 요인 모두는 자기노출과 관계 간의 연결에 있어 매우 중요한 요인이 된다. 그러나 관계가 쇠퇴할 때, 관계를 끝내기 위한 자기노출의 전략적 사용은 다른 모든 변형 요인들을 자기노출과 관계 간의 연결과는 무관한 것으로 만든다. 아울러 자기노출과 관계 간 상호 변형 과정이라는 관점에서 볼 때 관계라고 하는 것은 자기노출에 영향을 미치며, 관계 내에서 발생하는 자기노출에 다시 영향을 받는 '문화'라는 점을 강조하고 싶다.

때문에 자기노출과 관계의 상호 변형 요인 중 첫 번째로 살펴볼 것은 바로 관계 정의relational definition이다. 부부관계로 정의되는 관계를 예로 든다면, 이때의 자기노출은 마치 전보와도 같이 짧고 불완전한 내용들로 이루어질 것이다. 자기노출은 관계 당사자들이 그들의 관계를 어떻게 정의할 것인지에 영향을 미칠 수도 있다. 그래서 누군가 자신에 관한 정보를 특정한 방법으로 노출할 때, 그러한 정보를 수신하게 되는 사람은 그들 관계의 본질을 달리 정의하도록(예:친밀하지 않은 관계에서 친밀한 관계로) 기대되거나 강요받게 될 수도 있다.

시간time은 관계 정의나 귀인 과정attributional processes보다 객관적인 평가가 가능한 것처럼 보인다는 측면에서 흥미로운 변형 요인이다. 시간이라는 변형 요인과 관련해, 우리는 부모님이나 TV 속 주인공들이 냉담하게 "결혼생활 35년이 지난 지금 무슨 말할 거리가 남았을까?"라고 말하는 것을 종종 들을 수 있다. 시간은 또한 사건들을 정렬시킬 수 있는 차원이기도 하다. 짧은 기간 내 많은 사건들이 밀집해 일어났을 때 현상의 '변화율'은 급격하게 나타난다. 그러나 긴 기간에 걸쳐 비슷한 정도의 사건이 일어나게 되면 변화율은 느리게 나타나게 된다. 이는 자기노출과 관계 변화가 얼마나 빠르게, 혹은 순조롭게 일어났는가 하는 데에 있어서도 마찬가지이다. 두 커플이 3개월 후 똑같이 동일한 수준의 친밀감과 몰입 수준에 이르렀다고 해도, 한 커플은 폭풍 같은 사랑을 경험했다고 느낄 수 있고, 다른 한 커플은 점진적이고 차분한 사랑을 경험했다고 느낄 수 있다.

자기노출과 관계 간 변형 과정은 귀인 과정과 함께 나타나기도 한다. 자신을 노출시킬 메시지의 선택은 자신의 파트너에 대한 귀인에 의해 결정된다. 뿐만 아니라 귀인이 이루어진 상황(예:신뢰 상황)은 자신에 관한 정보를 얼마나 많이 공개하고자 하는지에 영향을 미친다. 한편 관계에 있어 자기노출과 상호성 reciprocity이 서로 상호적인 것처럼 자기노출과 호감liking 사이에도 상호적인 관계가 존재한다. 마지막으로 관계 상대나 친구가 전략적인 경우에는 개인적 또는 관계적 목적goals을 달성하기 위해 자기노출(혹은 정보 공개 회피)을 사용하기도 한다.

우리는 지금까지 살펴본 변형 요인들이 본질적으로 상호 배타적이지 않음을 인정한다. 모든 변형 요인들 상당 부분이 서로 겹치는 부분이 존재하지만, 또한 각각의 변형 요인들의 범주가 서로 구별됨으로 관계와 자기노출 간의 상호 변형 과정을 이해하는 데 유용하게 사용될 수 있다.

관계 정의

사라와 조엘은 친구가 된 지 몇 달 되었다. 그들은 둘 다 20대 초반으로 대학 졸업 직후 직장의 같은 부서에서 만났다. 둘은 같이 점심 먹기를 좋아했고 주말에는 종종 영화도 보러

간다. 조엘은 때로 사라와 친구 이상의 관계를 원하고 있지만, 그 사실을 사라에게 털어놓기가 조심스러웠다. 그는 사라가 자신을 좋아한다고는 생각했지만, 연인 관계로까지 생각하는지는 확신할 수 없었기 때문이다. 어느 날 점심을 먹는 자리에서 사라는 데이트를 신청한 어느 남자와 주말에 만났던 것을 조엘에게 이야기하였다. 그 이야기를 들은 조엘은 낯선 남자와는 데이트하지 않는 것이 좋겠다고 얘기하며, 연인 관계 이전에 먼저 친구 관계로 우정을 쌓는 것이 어떨지에 대해 이야기했다. 그러자 사라는 조엘에게 "네가 나에게 그렇게 얘기하는 것이 나를 친구로서 걱정하기 때문이니 아니면 내가 애인을 만날지도 몰라 질투하기 때문이니?"라고 말하며 맞섰다. 조엘은 이때라고 생각하고 사라에 대한 자신의 감정과, 그리고 자신이 어떤 관계를 원하는지를 털어놓았다.

관계 정의는 관계 당사자들이 개인적으로 혹은 상대방과 함께 주어진 관계 정의하에서 적절하다고 여겨지는 관계와 행동에 대해 생각하는 방식을 나타내는 것이다. 관계를 정의하는 한 측면은, 그 관계가 속하는 적절한 '사회적 범주sociological category'를 선택하는 것으로 비교적 단순할 수 있다. 이러한 범주에는 친구(혹은 최고의 친구), 연인, 데이트 파트너, 배우자, 직장 동료, 이웃 등이 포함된다.

그러나 관계는 또 다른 측면, 관계가 지니는 '현저한 특성salient

quality'에 의해서도 정의될 수 있다. 이러한 특성은 특정 시점에서 관계 당사자들이 서로의 관계에 대해 중요하다고 생각하는 어떤 한 특징이나 여러 특징의 결합을 포함하는 것이다. 예를 들어 서로가 친밀한 관계라고 느끼는 세 커플이 있다고 가정해 보자. 첫 번째 커플은 그들이 서로의 느낌, 계획, 두려움 등을 공유하는 시간을 오래 함께 보냈기 때문에 그들의 관계가 친밀한 관계라고 생각할 수 있다. 두 번째 커플은 그들의 관계는 서로 깊이 좋아하기 때문에 친밀한 관계라고 생각할 수 있다. 세 번째 커플은 그들이 성적인 관계를 가져왔기 때문에 친밀한 관계라고 생각할 수 있다. 이처럼 관계 당사자들이 서로의 관계를 모두 친밀한 관계로 정의 내렸으나, 그러한 정의를 내리게 하는 관계의 특성은 각기 다를 수 있는 것이다. 대부분 피상적이고 역할 중심적인 관계에서(예:고객과 판매원) 관계 당사자들이 그들의 관계를 이해하고 자신과 상대방의 행동을 위한 가이드라인을 확립하고자 할 때 이러한 정의가 나타나며 재확립되기도 한다.

자기노출의 유형은 정의된 관계의 차이에 따라 다양하게 나타난다. 이와 관련하여 타디, 호스먼, 브라닥(Tardy, Hosman & Bradac, 1981)은 대학생을 대상으로 친구와 가족에 대한 자기노출 행동의 차이를 살펴보았다. 그 결과 노출 대상자가 부모일 때보다 동성 친구일 때 좀더 부정적인 내용에 대해서도 친근하고 정직하게, 그리고 보다 자주 자기노출을 하는 것으로 나타났다. 타디 등(Tardy et al., 1981)은 친구와 가족은 아마도 자기노출에 관련하여 서로 다른 기능을 수행하고 있을 것이라 지적했다. 이러한 연구 결과는 관계 정의의 본질이 노출할 메시지의 선택에 명백하게 영향을 미치고 있음을 나타내고 있다.

로젠펠드와 웰시(Resenfeld & Welsh, 1985)는 맞벌이 부부와 외벌이 부부를 대상으로 자기노출의 차이를 연구하였다. 연구 결과 외벌이 부부보다 맞벌이 부부의 자기노출 양상이 보다 동등하게 나타났다. 외벌이 부부의 아내들은 자기노출의 폭, 깊이, 양 모든 측면에서 남편보다 자신이 더 많은 정보 노출을 한다고 응답했다. 그러나 맞벌이 부부의 아내들은 자기노출의 깊이를 제외한 다른 모든 면에서는 남편과 자신의 자기노출 행동에 차이가 없다고 응답했다. 로젠펠드와 웰시는 이러한 결과는 부부간의 관계에서 가사와 재산 분배와 같은 보다 기본적인 문제에 대한 부부의 가치관에 합치되는 것이라고 하였다. 그러므로 성역할의 평등함(우리는 모두 직업을 갖고 있으므로 집안일과 재산 모두는 공유되어야 할 것이다)을 포함하는 관계 정의는, 여성은 표현을 많이 하고 남성은 표현을 덜 한다는 전통적인 성 역할에 대한 기대를 넘어서는 자기노출의 양상으로 나타나게 될 것이다(3장 참고).

관계 정의가 자기노출 양상에 영향을 미치는 것처럼, 자기노출 양상이 관계 정의에 영향을 미치기도 한다. 때때로 관계는 거의 즉각적이고 급격하게 변화하기도 한다. 이런 경우는 대부분 자기노출의 내용이 특히 관계와 관련될 때 발생할 것이다. 예를 들어 특별한 감정 상태를 표현하는 것과("사랑해요" 혹은 "사랑하지 않아요") 서로의 관계에 대한 의도를 표현하는 것은("나와 결혼할래요?" 혹은 "이혼하고 싶어요") 관계 정의를 변화시키는 즉각적이면서도 분명한 표시이다. 심지어 관계와 직접적으로 관련되어 있지 않은 메시지도 관계를 재정의하는 기능이 있다. 예를 들어 가브리엘라와 도나토는 지난 몇 년간 친구 사이였는데, 최근 가브리엘라가 도나토에게 그가 자신의 여자 친구에 대해서 이야기하는 것이 싫다고 얘기했다고 생각해 보자. 그러면 도나토는 가브리엘라의 그런 감정이 질투심인지 아닌지, 만일 질투심이라면 자신이 둘의 관계를 정의했던 "친구 간의 우정"의 관계로 남을 것인가를 고민해야 할 것이다.

이에 대한 또 다른 예는 일반인과 장애인 간의 자기노출에 대한 브레이스웨이트(Braithwaite, 1991)의 연구에서 찾아볼 수 있다. 브레이스웨이트는 특히 휠체어를 사용하는 사람과 같이 가시적인 신체 장애를 가진 사람들을 중심으로 대면 인터뷰를 실시했다. 그녀는 이 연구를 통해 많은 의문들에 대한 해답을 제시하였는데, 여기에서의 논의와 관련되어 있는 연구 내용은 장애인이 정상인으로부터 부적절한 질문을 받았을 때 보이는 반응들이다. 장애인들은 자신들의 장애와 관련해 부적절한 질문을 받았을 때, 종종 상대방인 정상인이 그들의 관계 정의를 부정확하게 했음을 나타내는 반응을 보이거나(예:당신이 신경 쓸 일이 아니잖아요), 또는 정상인이 잘못된 관계 정의를 했다는 반응을 보인다.

자기노출은 또한 친밀감과 같은 관계의 질을 드러내고 이를 강화시키는 하나의 수단이기도 하다. 워링(Waring, 1987)에 따르면 자기노출은 관계를 형성하고 있는 커플들이 서로에 대해 얼마나 가깝게 느끼는가를 나타내는 한 측면이며 커플 간의 친밀감을 증대시킬 수 있는 한 요인이 된다(p.291).

이러한 워링의 주장은 다음 몇몇의 실증적 연구를 통해 뒷받침될 수 있다. 워링, 틸먼, 프레릭, 러셀, 웨이즈(Waring, Tillman, Frelick, Russell & Weisz, 1980)는 무작위 표본 추출을 통해 성인 남녀를 각각 16명, 34명씩 선정하여 친밀감에 대한 견해를 인터뷰하였다. 인터뷰 결과 대부분의 사람들은 개인의 생각, 꿈, 태도, 신념, 환상 등의 공유를 친밀감의 중요 요인으로 생각하는 것으로 나타났다(p.473). 그중 친밀감과 관련된 연구 결과는 다음과 같이 요약될 수 있다. 첫째, 성적인 관계는 가장 중요한 부분은 아니더라도 친밀감의 일부분이다. 둘째, 분노, 논쟁, 비판은 친밀감의 일부분이 아니다. 셋째, 자기인식self-knowledge과 자존감self-esteem과 같은 자신에 관한 정체성은 친밀감의 중요한 요인이다. 끝으로, 일반적으로 부모를 통해 유년 시절에 경험하는 친밀감이 중요한 역할을 하게 된다. 이러한 연구결과는 친밀감을 측정하기 위한 측정 도구로 개발된 워링의 '친밀감 설문지Waring Intimacy Questionnaire'에 반영되어 있다. 워링의 '친밀감 설문지'의 구체적인 문항은 다음과 같다.

친밀감 설문지

아래 항목들은 '워링의 친밀감 설문지'에 있는 질문의 유형들을 나타내는 것이다. 본래 '워링의 친밀감 설문지'는 결혼한 부부간의 친밀감을 측정하도록 설계되어진 것이다. 이에 본 설문에서는 보다 일반적인 관계의 친밀감을 측정하기 위해, 결혼 관계와 관련된 항목들을 일반적 관계에 적용시킬 수 있는 일반적인 말들로 변형시켰다. 예를 들면 '결혼'이란 단어는 '관계'라는 말로, '배우자'라는 단어는 '파트너'라는 말로 대체되었다. 그러므로 당신이 상대방과 결혼 관계가 아닌 연애와 약혼 관계에 있다고 하더라도 이 설문지를 작성할 수 있을 것이다. 총 8개 차원의 90개의 항목들로 이루어진 워링의 친밀감 설문지에 기초하여, 8개의 각 차원을 대표하는 3개씩의 항목을 선택하여 총 24개의 문항을 아래에 제시하였다.

상대방과 당신의 현재 관계를 생각하며, 다음에 제시되는 각각의 진술에 대해 아래의 5점 척도를 사용하여 응답하도록 한다. 각 항목의 점수는 항목 앞의 빈 줄에 기입한다.

1 = 전혀 사실이 아님, 결코 일어나지 않음
2 = 약간 사실임, 이따금 한 번씩 일어남
3 = 다소 사실임, 약간 일어남
4 = 대부분 사실임, 자주 일어남
5 = 완전히 사실임, 항상 일어남

__ 1. 우리의 관계에서 서로 간 의견 차이로 인해 폭언을 하는 일은 결코 없다.
__ 2. 우리가 함께 있을 때 나는 최선을 다한다.
__ 3. 우리의 관계가 없다면 내 삶은 무의미할 것이다.
__ 4. 나는 종종 사회적 지위에 대해 불안정하게 느낀다.
__ 5. 나는 나의 파트너가 내가 좋아하는 일을 더 많이 즐기길 바란다.
__ 6. 나와 파트너 간에 좋은 점이 하나 있다면, 그것은 서로에게 자신의 느낌을 털어놓고 이야기한다는 것이다.
__ 7. 나는 파트너의 부모님과 잘 지내기 위해 매우 노력한다.

___ 8. 때때로 파트너와의 성적 관계가 나에게는 즐거움보다는 의무감으로 느껴진다.
___ 9. 파트너가 이야기할 때 가끔은 그냥 잘 듣고 있는 척하기도 한다.
___ 10. 파트너와 어떤 문제를 의논하는 때 서로 논쟁을 하게 되는 일은 거의 없다.
___ 11. 우리 사이에는 거리감이 있다고 느낀다.
___ 12. 파트너에 대한 내 스스로의 현 위치(관계 정의)를 잘 알고 있다.
___ 13. 파트너와 친밀한 관계에도 불구하고 종종 외로움을 느낀다.
___ 14. 나는 나의 파트너와 성적 관계 시 내가 갖고 있는 환상만큼 결코 흥분해 본 경험이 없다.
___ 15. 우리가 도움을 청할 가까운 사람이 있다는 것은 행운이다.
___ 16. 나의 파트너가 내 스스로 내 삶을 영위하도록 해 주는 것처럼, 파트너가 나를 도와주는지 아닌지의 여부는 정말 신경 쓰지 않는다.
___ 17. 우리가 논쟁을 벌일 때 나는 결코 비겁한 짓을 하지 않는다.
___ 18. 나는 파트너의 가족과 함께 하는 시간을 즐긴다.
___ 19. 나의 파트너는 내가 성적 관계를 요구했을 때 거의 외면하지 않는다.
___ 20. 나는 우리의 관계가 더 나아질 수 있다면 나의 굳건한 신념까지도 기꺼이 타협할 의사가 있다.
___ 21. 나 스스로를 다른 사람들과 비교해도 나는 내 자신이 좋다.
___ 22. 우리는 동일한 삶의 목적을 공유하고 있다.
___ 23. 우리는 자기개발을 위한 일을 함께하기를 좋아한다.
___ 24. 나는 내가 원하는 것은 어떤 것이든지 파트너에게 말할 수 있다.

• 점수 계산 •

당신의 점수를 계산하기 위해서, 아래 제시된 단계를 따르시오.

1. 역코딩

어떤 항목들은 부정적으로 진술되어 있기 때문에, 당신이 부여한 점수를 역코딩할 필요가 있다. 역코딩할 항목은 4, 5, 7, 8, 9, 11, 13, 14, 20번이다. 즉, 이러한 역코딩 항목의 점수는 1점은 5점, 2점은 4점, 반대로 5점은 1점, 4점은 2점으로 변환된다(3점은 변화되지 않음).

2. 하위 차원의 계산

항목 1, 10, 17의 합산	갈등 해결력 총점	=	____
항목 5, 22, 23의 합산	적합성 총점	=	____
항목 4, 12, 21의 합산	정체성 총점	=	____
항목 6, 9, 24의 합산	표현성 총점	=	____
항목 7, 15, 18의 합산	자율성 총점	=	____
항목 3, 16, 20의 합산	결합성 총점	=	____
항목 8, 14, 19의 합산	성적 관심 총점	=	____
항목 2, 11, 13의 합산	애정 총점	=	____

3. 총 친밀감 계산

하위 차원의 모든 점수 합산.

총 친밀감 점수 = ____

4. 당신 관계의 특성은 무엇인가?

워링 등이 제시한 하위 차원에 대한 다음의 정의를 참고하시오.

갈등 해결	서로 간 의견 차이가 편안하게 해결되는 정도.
적합성	관계 당사자들이 편안하게 함께 일하고 즐길 수 있는 정도.
정체성	자기 확신과 자존감의 수준.
표현성	일반적인 자기노출의 수준뿐만 아니라 상대방과의 관계를 통해 공유되는 생각, 신념, 태도, 느낌의 정도.
자율성	관계 당사자들이 그들의 가족으로부터 성공적으로 독립할 수 있는 정도.
결합성	관계에의 몰입 정도.
성적 관심	서로의 관계를 통해 성적인 욕구가 의사소통되고 충족되는 정도.
애정	서로 간 감정적 친밀감이 표현되는 정도.

8개의 모든 하위 척도에서 당신의 점수의 범위는 최저 3점에서 최고 15점까지이다. 당신은 어떻게 상대방과의 관계를 형성시켜 나갈 것인가? 이를 위해서는 하위 척도 각각에 대한 정의를 살펴보아야 한다.

당신은 뜻밖의 차원에서 높은 점수를 받았는가? 또는 뜻밖의 차원에서 낮은 점수를 받았는가? 당신은 이 설문지가 측정하지 않은 친밀감의 다른 차원이 있다고 생각하는가? 당신은 당신의 파트너에게 이 설문을 작성하도록 요청하고 당신과 파트너의 점수를 비교해 보는 것이 좋을 것이다.

※ 자료 출처: 〈워링 친밀감 설문지〉(1990) 수정

결혼한 부부를 대상으로 한 후속 연구를 통해 체룬, 워링, 보스크, 술탄, 오그던(Chelune, Waring, Vosk, Sultan & Ogden, 1984)은 자기노출은 결혼한 부부들이 친밀감을 표현하는 중요한 수단임을 제시하였다. 그러나 이러한 연구 결과는 자기노출이 부부의 친밀감에 대한 선행 변수인지 혹은 결과 변수인지에 대한 대답을 제공해 주지 못하고 있다. 한편 체룬 등의 연구 결과는 자기노출 시 노출되는 정보 내용의 중요성을 지적하고 있다. 즉 자신에 대해 긍정적 내용을 노출할수록 친밀감은 높아지고 부정적인 내용을 노출할수록 친밀감은 낮아진다는 것이다.

이러한 연구 결과 외에도 친밀감과 관계의 조정relational adjustments 간의 강한 관련성을 보여 주는 다른 연구들은(예: Waring, McElrath, Mitchell & Derry, 1981) 자기노출은 특정한 유형의 관계 상황에서 더 잘 이루어질 수 있으며, 그 결과 그러한 관계적 환경을 더 잘 조성하게 된다고 제안한다. 그렇지만 불행히도 다른 환경에서는 자기노출과 관계 발전 간의 선순환은 발생하지 않는다. 제이콥슨, 왈드론, 무어(Jacobson, Waldron & Moore, 1980)는 서로 관계를 형성하고 있는 커플들은 자신들이 행복하다고 느

끼는 정도에 따라 관심 가질 만한 행동을 선택한다는 사실을 발견하였다. 제이콥슨 등은 불화를 겪고 있는 부부와 그렇지 않은 부부를 비교 연구하였는데, 불화를 겪고 있지 않는 행복한 부부는 배우자의 긍정적 행동에 근거해 일상의 만족 수준에 대한 평가를 내리고 있음을 알 수 있었다(예:"제 배우자는 자신의 느낌에 대해 얘기하곤 해요" 또는 "제 배우자는 제가 말하는 것을 수긍해 주거나 관련된 질문을 함으로써 제가 말한 것에 관심을 보여 주죠"). 반대로 불화를 겪고 있는 불행한 부부는 배우자의 부정적 행동에 근거해 일상의 만족 수준을 평가하고 있는 것으로 나타났다(예: "제 배우자는 제게 방해가 돼요", "제 배우자는 자기 혼자만 이야기하며 대화를 주도하죠").

지금까지의 문헌 연구 결과 내용을 요약해 보면, 친밀감과 자기노출 간의 관련성은 상호 영향을 미치는 과정으로 이해해야 한다는 것이다(Chelune, Robinson & Kommor, 1984; Reis & Shaver, 1988; Waring & Chelune, 1983). 이러한 결론은 자기노출과 관계 정의는 상호 변형시킨다는 이 장의 견해와 일치하는 것이다.

다음으로 살펴볼 변형 요인은 시간이다. 관계 정의는 시간에 따라 변화하므로 시간과 관계 정의가 반드시 상호 배타적인 것은 아니다. 그러나 시간이 갖는 변형 요인으로서의 특성을 이해하는 것이 중요한 의미를 갖기 때문에 관계 정의와 시간을 구분하는 것은 유용할 것이다.

시간

앤디와 글래디스는 연애 시절에 그들 자신의 과거, 미래, 느낌, 희망, 즐거움, 실패, 결혼생활에서 바라는 것 등 많은 이야기를 함께 나누며 시간을 보냈다. 그러나 결혼 25년이 지난 지금 서로에게 자신에 관한 이야기를 하는 경우란 거의 없다. 단지 그들이 지금 함께 나누는 이야기는 10대인 자녀들을 즐겁게 해 주기 위해 과거 연애 시절에 있었던 일들을 미화시켜 들려주는 것뿐이다. 앤디는 "제 아내는 내게 너무 화를 내며 폭언을 해대죠"라고 말한다. 이에 글래디스는 "인정해요, 그렇지만 만약 당신이 내 인생의 열쇠를 갖고 있지 않았다면, 나는 당신 삶으로부터 영원히 도망쳐 버렸을 거예요"라고 말했다. 앤디는 글래디스에게 "그래, 맞아 당신은 나없인 살 수 없었어"라며 웃었지만 둘은 서로의 얼굴을 보고 이내 피식 웃고 말았다. 만일 큰 상처를 남긴 일들이었다 하더라도 서로 간에 오랜 관계를 다져 온 과정의 일부로 받아들인다면 그러한 상처도 다른 관점에서 보게 될 수 있음을 깨닫고 있는 듯 보였다.

관계는 시간이 지남에 따라 발전한다. 사람들은 서로 만나서 이야기하고 헤어지고, 또 다른 누군가와 이야기한다. 그리고 상대방과의 상호작용에 대해 생각도 하고, 또다시 만나 이야기하는 등의 활동을 한다. 흥미로운 사실은 관계에 있어 오직 시간만이 드러낼 수 있는 몇 가지 특징이 있다는 점이다. 이것은 다소 어려운 개념이 될 수 있겠지만, 우선 시간을 하나의 끈으로 보고 커플 사이의 상호작용을 그 끈에 꿰어 있는 각기 다른 유형의 구슬이라 생각해 보자. 시간이 지남에 따라 어떤 구슬은 그 끈에 자주 반복적으로 나타나지만 특정 유형의 어떤 구슬은 거의 나타나지 않게 된다. 서로 관계를 형성하고 있는 한 커플은 줄에 꿰인 구슬들을 볼 때, 구슬이 반복되고 있는 것을 편안하게 느낄 수도 있고 지루하게 느낄 수도 있다. 그런가 하면 거의 보이지 않는 유형의 구슬에 대해서 놀랍거나 흥미롭다 생각할 수도 있다. 그들은 상대방과의 관계를 발전시키며 초기 단계에서 기대했던 유형을 나중에는 기대하지 않게 될 수도 있다. 어떤 커플은 심지어 자신들의 관계가 발전 단계인가 혹은 쇠퇴 단계인가에 따라 줄에 꿰여진 구슬의 배열 순서를 바꾸려 들기도 할 것이다(Knapp & Vangelisti, 1991).

이처럼 자기노출의 의미와 기능은 그것이 일어난 시간의 틀에 따라 달라지게 된다. 반복적으로 줄에 꿰인 구슬과 같은 주제의 자기노출은 상대방을 편안하게 할 수도 있고 지루하게 만들 수도 있다. 예를 들어 한 젊은 여성이 자신의 친구에게 새로운 남자 친구에 대해서 열정적인 확신을 갖고 “그는 매우 마음이 열린 사람이어서 그가 느끼는 모든 것을 나에게 말해 줘”라고 이야기했다고 가정해 보자. 두 달쯤 지나서, 만약 그 젊은 여성이 남자 친구의 이야기를 듣기만 해야 하는 자신의 역할에 싫증이 나 “그는 재미라곤 전혀 없는 사람이야. 그가 말하는 모든 것은 자기 자신과 자신의 문제에 관한 것뿐이야”라고 말할 수도 있을 것이다. 그렇다면 무엇이 이 여성의 태도를 변하게 만들었을까? 남자 친구의 이야기 내용이 바뀐 것은 아니었지만 그녀는 그 얘기를 듣는 자신의 역할이 시간이 지남에 따라 지루하게 느껴졌던 것이다. 심지어 자기노출의 의미도 시간이 지남에 따라 변화할 수 있다. 예를 들어 졸업과 취업을 걱정하는 두 대학생의 연인 관계가 시작될 때 "내 인생이 어디로 가고 있는지 모르겠어"라는 말을 했다면, 이 말을 들은 사람은 연민을 느끼며 무언가 도와주고 싶다는 마음이 들 것이다. 그러나 30년이 지난 후 이와 똑같은 말을 했다면 이 말은 그동안의 결혼생활이나 앞으로의 결혼생활에 대한 강한 한탄이나 후회의 표현으로 받아들여질 수 있을 것이다. 어떤 의미에서 그러한 진술은 더 이상 자신에 관한 진술로 받아들여지는 것이 아니라 관계에 대한 진술로 받아들여지고 있는 것이다.

올트먼과 테일러(Altman & Talyor, 1973)에 의해 발전된 사회침투 이론Social penetration theory은 시간이 자기노출과 관계의 주기에 어떻게 영향을 미치는가에 대한 분석을 제시하고 있다. 사회침투 이론은 1970년대 초 대인관계에서의 매력에 관한 연구 문헌들에 처음 소개된 이래 관계 발전에 있어 자기노출이 어떤 기능을 하는지를 설명하는 데 가장 널리 수용되는 이론 중 하나가 되었다. 이 이론은 몇몇 관계 발전에 관한 모델들의 기초가 되기도 하였는데, 그러한 모델 중 가장 주목을 받는 것이 앞서 소개한 냅과 밴절리스티(1991)의 계단 모형staircase model과 레빙거(1983)의 관계 형성 모델model of relationship formation이다.

사회침투 이론의 기본 가정은 서로 교환되는 대화 주제가 피상적인 것에서 친밀한 것으로, 좁은 범위에서 넓은 범위로 발전함에 따라 관계는 점진적이며 순차적으로 공고해진다는 것이다. 이는 사람이 여러 층으로 덮여 있는 양파와 같아 계속적으로 보다 깊은 수준의 자기노출을 하여 그 핵심을 드러내 온전하고 완전한 관계에 도달하게 됨을 의미하는 것이다. 자기노출을 서로 교환하려는 사람들의 심리는 사람들로 하여금 보다 깊은 수준의 자기노출을 할 것인지를 계속적으로 평가하게 하며, 그렇게 함으로써 점차 서로 간의 신뢰를 구축할 수 있게 한다(Altman & Taylor, 1973). 적어도 원칙적으로는 자기노출의 폭과 깊이를 확대시켜 나가는 데 있어 그 종착점이 필요한 것은 아니다.

초기의 사회침투 이론은 시간은 미래를 향해 흘러간다는 일반적인 개념과 밀접하게 관련되어 있었다. 즉 사람들은 시간이 흐름에 따라 점진적으로 자신을 노출하며, 관계는 자기노출에 의해 증가되는 친밀감과 궤도를 함께하며 발전한다고 하였다. 그러나 앞에서 지적한 바와 같이 사람들은 상대에게 자신이 완전히 알려지기 전까지는 자신에 관한 정보를 선택적으로 끄집어내어 드러낼 수 있는 정보들의 정적인 집합체이지 완전한 존재는 아니다. 그보다 사람들은 계속적으로 변화하는 존재이며, 자기노출은 상대방의 태도와 서로 간 상호작용을 통해 조성된 관계 환경에 따르게 될 것이다(Baxter, 1991). 더욱이 동일한 커플들을 오랜 시간에 걸쳐 지속적으로 관찰한 종단적 연구 결과에 따르면, 관계가 발전할수록 자기노출을 더 많이 한다는 사회침투 이론의 선형적 진행 형태에 대한 가정은 단지 시간 경과에 따라 나타날 수 있는 자기노출의 한 패턴일 뿐이라는 점을 알 수 있다. 거기엔 적어도 다음과 같은 3가지의 다른 패턴이 있다.

그중 먼저 살펴볼 첫 번째 대안적 패턴은 처음에는 전형적인 선형 관계의 진행을 보이다가 갑자기 급격한 쇠퇴로 전환되는 형태이다. 처음 자기노출이 일어난 바로 직후 어떤 커플들에게 있어서는 더 깊은 수준의 자기노출이 이루어지는 것이 아니라 급격한 쇠퇴가 일어나게 된다. 정보 공개의 수준이 점점 높아지다가 급격하게 감소하는 이러한 패턴에 대해 휴스턴, 맥헤일, 크루터(Huston, McHale & Crouter, 1986)는 다음과 같이 설명하고 있다. 결혼한 부부들은 결혼 후 단지 1년만 지나도 신혼 때보다 서로에 대한 애정과 인정, 그리고 자기노출이 줄어들기 시작한다는 것이다. 또한 관계에 대한 이야기가 줄어들고, "사랑한다"는 말을 덜 하게 되며, 자신의 욕구와 관심사를 이야기하는 일도 거의 사라지게 된다. 휴스턴 등(Huston et al., 1986)의 연구는 연구에 참여했던 대부분의 부부들이 자신들의 관계에 대해서는 비교적 만족하고 있다는 점에서 흥미로운 연구 결과를 제시하고 있다. 즉 다른 유형의 활동들처럼 때때로 자기노출은 관계 발전에 있어 보다 새롭거나 급박한 일에 우선 순위를 내주게 되는 것처럼 보인다. 지금까지 설명한 이러한 패턴은 〈그림 2-3〉의 첫 번째 그래프에 제시되어 있다.

두 번째 대안적인 패턴은 관계가 발전함에 따라 자기노출 수준이 증가하다가 이후 그 수준에서 정체되거나 경우에 따라서 감소하게 되는 형태이다. 장기간의 결혼생활에 대한 연구 결과를 살펴보면 안정적인 결혼생활을 위한 자기노출의 중요성이 일정 수준에 도달해서는 정체됨을 알 수 있다. 헨드릭(Hendrick, 1981)은 자기노출은 개인 차원과 부부 차원 모두에서 결혼생활 만족도를 예측하는 유용한 변수라고 하였다. 그러나 결혼생활이 길어질수록 자기노출은 감소하는 것으로 나타났다. 이러한 연구 결과에 대해 헨드릭은 오랜 결혼생활을 한 부부들은 서로에 대해 이미 잘 알고 있고, 그들의 관계에 대해 만족하고 있기 때문에 자기노출의 중요성이 감소한다고 설명하였다. 길버트(Gilbert, 1977)는 장기적인 관계에 있는 사람들도 심리적, 감정적으로 곤란에 빠질 수 있으며, 어떤 유형의 자기노출로부터는 심각한 상처를 받을 수도 있다는 다소 비관적인 주장을 하였다. 길버트는 이러한 환경에서 나타나는 자기노출은 시간이 지남에 따라 오목한 형태의 곡선으로 변화한다고 하였다. 지금까지 설명한 이러한 패턴은 〈그림 2-3〉의 두 번째 그래프에 제시되어 있다.

'즉흥적' 형태로 설명되는 세 번째 대안 패턴은 일반적으로 장기적 관계에서 주로 나타나는 것으로, 장기적인 관계에서 볼 수 있는 자기노출이 시간에 따라 점진적으로 일어난다기보다 거의 관계 발전 초기에 즉각적으로 일어나게 된다는 것이다. 버그와 그의 동료들(Berg et al.)은 친구 관계, 룸메이트 관계, 연인 관계에 있는 사람들을 대상으로 한 일련의 연구를 통해, 때때로 관계는 시간이 경과함에 따라 발전하는 것이 아니라 관계 초기에 급격하게 발전한다는 사실을 발견하였다. 특히 서로 관계를 형성하고 있는 커플들을 대상으로 한 종단적 연구 결과, 심지어 만난 지 몇 주밖에 안 된 관계 초기에 자기노출의 패턴이 나타남을 알 수 있었다. 그러나 이러한 패턴은 지속적이지 않은 관계에서는 발견되지 않았다(Berg, 1984; Berg & Clark, 1986; Berg & McQuinn, 1986; Hays, 1985). 관계 초기에 자기노출의 수준이 빠르게 증가하는 이러한 유형의 자기노출은 〈그림 2-3〉의 세 번째 그래프에 제시되어 있다.

이러한 연구 결과를 버그는 '스키마타schemata'라는 개념으로 설명하였다. 이때 스키마타란 한 문화권에 속한 사람들이 자신과 다른 사람의 행동을 조직화할 수 있도록 도움으로써 그것들에 의미를 부여하는 정신적인 구조를 의미한다. 관계 스키마

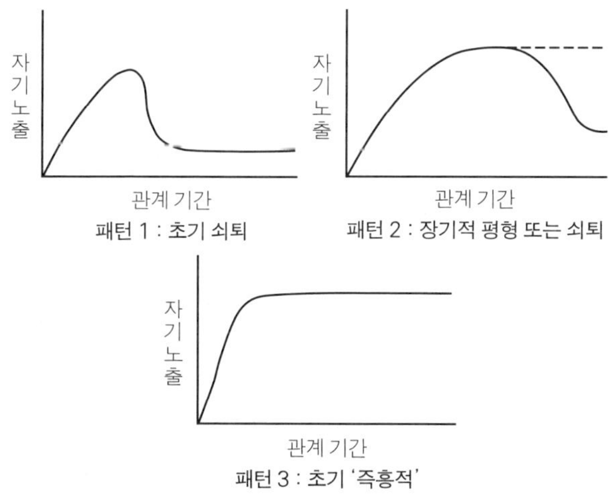

〈그림 2-3〉 시간에 따른 자기노출의 대안적 패턴들

타Relational Schemata는 특정한 관계 유형에서 일어날 것으로 기대되는 것에 대한 이해를 내포하는 것이다. 예를 들면 합리적으로 설정되었을 것이라고 생각되는 목적의 유형, 그러한 목적을 달성하기 위해 보여질 것으로 기대되는 행동, 다른 사람에 대한 우리의 의도 표현, 다른 사람의 행동에 대한 해석 등이 관계 스키마타의 예이다(Baxter, 1987; Berg & Clark, 1986).

버그와 클라크(Berg & Clark, 1986)에 따르면 사람들은 자신들의 새로운 관계가 친밀한 관계의 원형prototype에 얼마나 적합한지를 매우 빠르게 평가한다. 이때 특정한 스키마schema나 스크립트script가 이용될 수 있는데, 그 이유는 현재 상황이나 상호작용의 일부 측면은 그러한 스키마나 스크립트의 핵심적 측면과 유사한 점이 있기 때문이다. 이후 사람들은 스키마의 모든 속성이 현재 상황이나 상호작용에 해당하는 것처럼 행동하기 시작한다. 그러므로 상호작용이 시작되는 이른 초기에도 매우 높은 수준의 자기노출이 있을 수 있다. 실제로 어떤 커플은 친밀한 관계를 만들기 위해 그다지 오랜 시간의 상호작용을 필요로 하지 않는다. 오히려 서로 간의 상호작용 속에 관계의 핵심 요소가 존재하고 있음을 인식하게 되면 관계의 핵심 요소로 나머지를 채우게 된다. 시간의 끈에 꿰인 구슬은 별로 없지만, 그 몇 되지 않는 구슬들이 매우 중요한 의미를 갖고 있는 경우가 이에 해당한다.

지금까지의 내용을 요약하면 관계와 관련된 사건들은 시간의 경과에 따라 발생하는데, 어떤 것은 자기노출에 의해 영향을 받지만 어떤 것은 그렇지 않다는 것이다. 특히 자기노출과 친밀한 관계가 반드시 시간의 경과에 비례하여 점진적으로 그리고 지속적인 형태로 발전하지 않을 수도 있다는 연구 결과는 전통적인 사회침투 이론과 불일치하는 것이다. 사람들은 아마도 자기노출과 친밀한 관계가 전통적인 사회침투 이론의 견해가 제시하는 방식으로 발전했으면 하는 바람에서 설문지를 작성할 때 기억을 통해 자신들의 관계를 재구성함으로써 관계가 마치 사회침투 이론이 제시하는 것처럼 순차적으로 발전하는 것으로 보고할 수도 있다. 그러나 커플들을 대상으로 오랜 시간에 걸쳐 실시한 연구 결과들은 시간적 관계 패턴이라고 하는 것은 사실상 유동적이며 변화하는 것임을 입증하고 있다.

귀인 과정

고등학교 3학년생인 크레이그, 빌, 토드는 함께 집에 가기 위해 방과 후 식당 테이블에 앉아 야구 연습이 끝나기를 기다리고 있었다. 그러던 중 동급생 친구인 릭이 함께하게 되었다. 이런저런 대화를 나누다가 가족에 대한 얘기로 주제가 흘러갔을 때 릭은 그의 여동생, 어머니와 함께 단란했던 가족이 그의 계부로 인해 파탄에 이르렀음을 말하며 자신의 좌절감을 털어놓았다. 릭이 자리를 떠난 후 크레이그는 릭이 말하기 어려운 자신의 가족 문제를 그렇게 허물없이 털어놓은 것이 좀 이상하다고 말했다. 그러나 빌은 릭의 그런 행동은 우리를 친하고 믿을 수 있는 친구로 생각했기 때문일 것이라고 말했다. 토드도 빌의 말에 동의하며, 우리에게 자신의 개인적 문제를 편안하게 얘기하는 릭에게 좋은 느낌을 받았다고 말했다.

사람들은 상대방에 대한 정보, 혹은 상대방이 노출하는 정보를 수동적으로 받아들이지 않는다(Duck, 1982). 즉 그들은 귀인을 통해 공유하고 있는 관계 환경에 영향을 미치고, 공유하고 있는 관계 환경은 다시 귀인에 영향을 미친다(Bradbury & Fincham, 1989; Derlega, Winstead, Wong & Greenspan, 1987). 사람들은 관계가 심각하지 않거나 새로울 때, 또는 관계가 형성되는 상황이 복잡하지 않을 때, 다른 사람의 자기노출 행동에 대해 다음과 같은 두 가지 방법 중 하나를 따라 귀인하게 된다. 그 두 가지 귀인 방법이란 성향적 귀인dispositional attributions과 상황적 귀인situational attributions이다. "프레드는 원래 마음속에 뭔가를 숨겨 두지 못하는 성격이기 때문에, 자신의 알코올 중독 문제를 내게 말했을 거야" 같이 자기노출을 그 사람의 성격에 기인한 것으로 생각하는 것이 성향적 귀인의 예이다. 한편 "오드리는 자신이 학점 미달로 졸업할 수 없을지도 모른다는 사실을 알고, 지금 극도로 흥분해서 내게 자신의 학점을 말했을 거야"와 같이 자기노출이 그 당시의 상황에 의해 이루어졌다고 생각하는 것이 바로 상황적 귀인의 예이다. 그러나 관계가 형성되는 상황이 서로 간에 공유하고 있는 경험들과 복잡하게 얽혀 있는 서로의 목적 때문에 매우 다층적이고 복잡한 경우 사람들은 대인적 귀인

interpersonal attributions을 하게 된다(Newman, 1981)(예: "존은 내가 결혼한 후에 그의 어머니처럼 자신을 대하지 않게 하기 위해 어머니의 행동에 대해 내게 말했을 거야", "나는 신디를 행복하게 해 줄 수 없을 것 같아", "빌은 내가 그 일을 하도록 허락하지 않을 거야").

다른 사람이 친밀한 개인적 정보를 공개하는 이유를 설명하기 위해 우리가 사용하는 귀인은 자기노출이 관계에 어떤 의미를 가지게 될지를 나타내는 중요한 요인이 된다. 귀인을 통해 자기노출을 한 사람이 우리를 특별하게 생각해서 우리에게만 이러한 정보를 노출했을 거라고 믿게 되면, 우리는 그 정보 노출자에게 더 많은 매력을 느끼게 되고(Taylor, Gould & Brounstein, 1981), 그 사람과 특별한 관계를 갖고 있다고 느끼는 경향이 있다(Beile, 1984). 또한 우리가 상대방과의 관계를 유지하거나 강화시키고자 할 경우에는 자기노출에 대해 긍정적 귀인을 할 가능성이 높다(Derlega, Winstead, Wong & Greenspan, 1987).

상대방으로부터 특별한 대접을 받았다는 이러한 느낌은 장기적으로 지속된 관계에도 일반화될 수 있다. 쉬마노프(Shimanoff, 1987)는 결혼생활에서 부정적 감정을 노출하는 것에 대한 연구를 실시하였다. 쉬마노프는 자신의 상처("당신이 그 일을 했을 때 난 상처받았어") 또는 적대감("나는 당신 때문에 화가 나서 미칠 것 같아") 중 하나의 감정을 상대방에게 털어놓는 상황을 묘사하는 시나리오를 만들었다. 이러한 감정의 대상은 자신의 배우자이거나 동료나 친구 같은 다른 사람으로 설정하였다. 연구 결과 사람들은 자신의 배우자가 동료나 친구 등과 같은 다른 사람과 겪은 상처와 적대감에 관한 이야기를 배우자의 자기노출을 통해 듣게 되면, 그 배우자에 대한 친밀감이 증가하는 것으로 나타났다. 그러나 부부관계로부터 받은 상처와 적대감이 담긴 이야기를 배우자로부터 듣게 되면 오히려 친밀감이 낮아지는 것으로 나타났다. 쉬마노프의 이러한 연구 결과는 사람들은 다른 사람에 대한 부정적 정보를 듣게 되면 '다른 사람 대 우리'라는 생각을 갖게 되어 친밀감으로의 귀인이 증가하게 된다는 것을 시사하는 것이라 하였다. 그러나 이와는 대조적으로 동일한 메시지가 배우자와 관련된 것이라면 위협을 느끼게 해 관계 당사자들에게 거리감이 들게(적어도 일시적이라고 해도) 한다.

쉬마노프의 연구에서 지적된 바와 같이 결혼한 부부의 경우 자신의 배우자에 대한 부정적인 감정의 노출을 접하게 되면, 이러한 자기노출의 내용은 부정적 귀인과 부정적 감정을 초래하게 된다. 종종 자신의 감정에 대한 노출은 상대방에게 불평의 한 표현으로 전달되기도 하는데, 쉬마노프의 논리에 따르면 이러한 불평 섞인 자기노출은 배우자를 향한 적대감이나 상처 주기로 전달될 수도 있다.

알버츠(Alberts, 1988)는 자신의 배우자에 대한 불평을 털어놓는 것과 이 말을 듣게 된 배우자가 보이는 반응의 유형을 연구하였다. 연구의 대상은 결혼을 했거나 적어도 6개월 이상 동거한 커플들이었는데, 특히 그들의 관계에 적응을 잘 하고 있는 적응 커플과 그렇지 못한 부적응 커플(스패니어의 양자관계 적응 척도Spanier Dyadic Adjustment Scale에 의해 구분함; Spanier, 1976)들을 비교하였다. 그 결과 자신들의 관계에 잘 적응하고 있는 적응 커플과 그렇지 못한 부적응 커플의 불평 행동 간에는 몇 가지 측면에서 차이가 있는 것으로 나타났다. 즉 적응 커플은 주로 행동과 관련된 불평—왜 우리는 매주 조리된 음식을 사 먹어야 하지?" 같은 말들—을 하는 경향이 있었다. 그러나 부적응 커플들은 상대방의 개인적 성향에 관한 불평—"당신은 속물이야"—을 주로 많이 하는 경향이 있었다. 한편 적응 커플은 보다 긍정적인 감정 상태로 이러한 불평들을 상대방에게 전달하며, 또한 그러한 불평을 듣는 사람도 "맞아요, 그건 당신이 옳아요"와 같은 상대방의 불평에 동의하는 반응을 보였다. 그러나 부적응 커플들의 경우 이와는 반대로 상대방이 불평할 때 자신도 상대방에 대한 불평으로 반응하였다.

이러한 연구 결과를 통해 알버츠(1988)는 상대방으로부터 불평을 듣고 난 배우자가 보이는 반응의 유형에 영향을 미치는 결정적인 변수는 그 커플이 현재 처해 있는 관계 유형(적응 커플/부적응 커플)이라고 지적했다. 사실상 관계 유형이라는 것은 불평 유형이나 불평 표출 시의 감정보다 중요한 의미를 갖는 것이다. 알버츠(1988)가 지적했던 것처럼 아마도 "연인이나 부부 같은 친밀한 관계에서는 파트너에 대한 느낌이 파트너의 즉각적인 행동(불평과 같은)보다 의사소통 행동에 더 큰 영향을 미치는" 것일 수 있다.

우리는 배우자에게 불평이 쌓이고, 배우자의 행동이 불만족스러워져 기분이 언짢음을 배우자에게 드러내고자 할 때 '가상의 상호작용imagined interactions'을 통해 자기노출과 그 후 배우자가 하게 될 귀인을 미리 준비시킨다(Rosenblatt & Meyer, 1986). 사람들은 자기노출을 했을 때, 그 내용을 듣게 된 상대의 반응에 상처를 받을 수도 있다. 분명 우리가 상대방을 얼마나 잘 알고 있는가와 관계없이 상대방에게 자신의 개인적 느낌을 이야기할 때는 어느 정도의 위험이 존재한다(Rawlins, 1983). 따라서 앞으로 일어날 수 있는 상호작용을 미리 생각하여 자기노출 후 나타날 수 있는 결과를 예측하면서 자기노출을 어떻게 할지 연습해 볼 수 있을 것이다. 그렇게 함으로써 우리는 자기노출에 앞서 우리가 느끼는 위협을 최소화하는 방식으로 어떤 내용을 노출할지 결정하게 되는 것이다.

로젠블래트와 메이어(Rosenblatt & Meyer, 1986)는 이와 같은 '가상의 상호작용'이란 개념을 제안하면서, 이것의 유용성에 대한 논의를 전개하고 있다. 즉 사람들은 가상의 상호작용을 통해 문제 해결 방법을 생각해 볼 수도 있고, 또는 실제로는 일어날 수 없는 다른 사람과의 대화를 연습해 볼 수도 있다고 주장했다. 이렇게 함으로써 위험한 정보를 공개해야 할 때 일어날 수 있는 상호작용에 미리 대처할 수 있을 뿐만 아니라 만일 실제 대화를 했다면 너무 많은 위험 요인을 초래할 수도 있었던 자기노출 행동을 생각만으로 끝내 버릴 수 있다는 것이다.

로젠블래트와 마이어(1986)의 이러한 가상의 상호작용 과정은 스스로의 감정을 순화시킬 뿐만 아니라 실제로 일어날 자기노출 행동을 스스로 준비할 수 있도록 도와준다. 우리는 가상의 상호작용을 해 봄으로써 자신이 공개하는 내용을 들은 사람이 하게 될 귀인 과정에 영향을 미칠 것이다.

지금까지의 내용을 통해 살펴보았듯이 귀인 과정, 그리고 관계에서 나타나는 귀인과 자기노출의 관련성에 대해서는 많은 이론들이 존재한다. 일반적으로 자기노출이 자신이나 정보 노출자, 또는 정보 노출자와의 관계에 있어 무언가 특별한 것에 귀인하게 하는 것은 그러한 자기노출을 긍정적으로 경험하게 한다고 말할 수 있다. 또한 정보를 노출하는 사람에게 매력을 느끼게 되고, 상대방의 노출에 반응해서 자신도 자신의 정보를 노출하는 상호작용이 일어나기도 한다. 다른 사람의 자기노출에 대한 우리의 귀인 방법이 자기노출자에게 어떻게 호감을 느끼게 하고 또한 그러한 호감이 우리 자신의 자기노출에 어떻게 영향을 미치는가에 대한 모델은 비록 단순해 보이기는 하지만, 자기노출, 귀인, 호감 간의 관계에는 수많은 다른 변수들이 영향을 미칠 수 있다. 예를 들면 만성적으로 외로움을 타는 사람들은 부정적인 자기 귀인을 하는 경향이 있다(예: "나는 다른 사람과 잘 지내지 못해"). 그렇기 때문에 자신이 다른 사람으로부터 듣게 되는 자기노출을 우연이나 혹은 실수로 일어난 것으로 여기는 경향이 있다(Young, 1982). 게다가 자신의 귀인과는 관계없이 친구가 많은 사람들은 그들의 사회적 네트워크를 더 이상 확장할 필요가 없기 때문에 상대방의 자기노출에 긍정적으로 반응하지 않는 경우도 있다.

호감

> 서른 살의 마가렛은 간호사로 몇 년간 한 병원에서 근무했다. 그녀는 매일 동료들과 생활하는 것이 즐거웠고 그들을 도와주려고 노력했다. 마가렛의 동료 질은 최근에 병원에 들어왔으며 그녀보다 훨씬 어렸다. 어느 날 휴식시간에 마가렛과 함께 커피를 마시고 있던 질은 자신의 불행한 결혼생활과 남편의 학대에 대해 털어놓기 시작했다. 처음엔 마가렛도 질의 말을 예의 바른 태도로 들어 주려 했지만 결국 질의 얘기를 멈추게 하고 양해를 구한 뒤 자리에서 일어섰다. 후에 마가렛은 남편에게 다음과 같이 이야기했다. "난 너무 그 자리가 불편했어요. 나는 질에 대해 아는 게 거의 없는데, 질은 자신에 관한 모든 것을 말하려 하잖아요. 나는 그녀가 도움이 필요하다고는 생각해요. 그래서 결국에는 그녀에게 병원의 상담실로 가서 상담을 받으라고 했어요."

대부분의 사람들은 자신이 모르는 사람(불확실성이 높은)보다 아는 사람(불확실성이 낮은)에게 보다 편안함을 느끼기 때문에 자기노출 행동이 호감을 이끈다고 생각하는 것이 일반적이다(Berger, 1987). 그러나 이것이 일반적인 사실이라고 할지라도 다음과 같은 요인들은 자기노출과 호감과의 관계가 성립하는 과정에서 몇 가지 제약 요건들을 수반한다(Collins and Miller, 1991).

첫째, 규범적 기대normative expectations를 위반하는 자기노출 행동은 호감을 느끼지 못하게 할 것이다. 사람들은 상대방과의 상호작용이—특히 처음 상호작용 시—순조롭고 규범적 기대를 벗어나지 않았을 때 더욱 편안함을 느낀다. 특히 상대방이 자신과 처음 상호작용 시 기대되는 일반적인 자기노출을 벗어났다면 그러한 행동은 상대로 하여금 매력을 덜 느끼게 할 것이다. 자기노출과 호감에 관한 문헌 중 보크너(Bochner, 1982)와 팍스(Parks, 1982)의 연구를 살펴보면 중간 수준 정도의 친밀감과 긍정적이고 시기적절한 자기노출은(상호작용의 후반, 특히 조기 상호작용이 있고 난 뒤면 더 좋음) 매력과 호감도를 증가시킬 수 있다. 그러나 관계 초기에 아주 강한 매력을 느끼지 않은 이상 지나치게 개인적이며 부정적인 내용을 빠른 시기에 노출하는 것은 오히려 상대의 호감도를 감소시킬 수 있있다고 지적하고 있다.

둘째, 호감은 단지 자기노출 시 얼마나 많은 내용을, 또는 얼마나 많은 사람들에게 공개했는가에 의해 결정되는 것이 아니라 정보 수신자들이 자기노출을 어떻게 지각하느냐에 의해 결정된다. 밀러(Miller, 1990)가 여성들끼리 모임 시 사람들이 일반적으로 자기노출을 많이 하는 여성을 좋아하는가를 살펴본 결과 그렇지 않은 것으로 나타났다. 즉 전반적으로 개인의 자기노출 경향은 호감도에 유의한 영향을 미치지 않는 것으로 나타났다. 그러나 자기노출과 호감 간에, 개인적 차이에 의한 효과는 나타나지 않았지만 관계로 인한 효과는 나타나는 것으로 확인되었다. 즉 자신에 관한 사적인 정보를 많은 사람들에게 공공연하게 노출한 사람이 소수의 몇 명에게만 공개한 사람에 비해 더 선호되지는 않았다. 대신 매우 친밀한 내용을 특별한 관계를 갖고 있는 파트너(예:

가까운 친구)에게 공개한 사람의 경우, 자기노출은 그 파트너에 대한 호감과 정의 관계가 있는 것으로 나타났다.

셋째, 사람들은 자신이 좋아하는 사람에게 자신에 관한 정보를 얼마나 많이 공개해야 하는가를 가늠하는 것에 대해 과대평가할 수 있다. 왜냐하면 사람들은 자신이 좋아하는 사람에게는 높은 수준의 자기노출이 적절한 것이라 믿고 있기 때문이다(Bochner, 1982; Shapior & Swenson, 1969). 그렇기 때문에 대부분의 사람에게 자기노출의 정도를 질문하면 자신이 좋아하지 않은 사람에 비해 좋아하는 사람에게 더 많은 자기노출을 할 것이라고 응답한다. 그러나 이러한 결과가 사람들이 자기가 정보를 많이 노출할 것이라고 대답한 것처럼 자신이 좋아하는 상대에게만 실제로 더 많은 정보를 노출한다는 사실을 의미하는 것은 아니다. 실제 자기노출 행동을 살펴보면 사람들은 심지어 가까운 사람에게도 자신의 감정 표현을 억제하기도 한다. 예를 들어 레빙거와 센(Levinger & Senn, 1967)은 서로 관계에 만족하고 있는 커플들은 일반적으로 중요한 문제에 대한 자신의 부정적인 마음을 드러내지 않는다고 하였다. 사실상 서로에게 만족하는 커플들은 대화 시 종종 직접적으로 상대방의 마음을 물어보지 않고 간접적인 방법으로 서로의 마음을 드러내거나 느낌으로써 정보를 노출하지 않는 규범norm of nondisclosure을 보이기도 한다(Gottman, 1979).

서로의 관계에 만족하는 커플은 상대방의 프라이버시를 인정해 주고, 그저 모든 것은 다 잘 될 거라는 생각으로 대화를 하는 것에 서로 동의를 하고 있는 것 같다(아마도 무의식적으로). 오히려 괜한 것을 물어보는 것은 문제를 일으킬 수 있다고 생각할 수도 있다. 이러한 견해에 일치하여, 레빙거와 브리드러브(Levinger & Breedlove, 1966)는 결혼에 대한 만족도에 부부간의 실제 의견 일치도보다 지각된 의견 일치도가 더 중요한 영향 요인임을 제시하였다.

넷째, 자기노출 행동에 대한 상대방의 반응이 부정적이라면 자기노출 행동으로 인해 호감이 높아지지는 않을 것이다. 왜냐하면 대부분의 자기노출은 상대방과 지속적인 상호작용을 통해 나타나는데, 이때 자기노출자는 자신이 공개한 내용이 자신이 의도했던 대로 적절한 것으로 받아들여지고 있음을 시사하는 단서들을 찾고자 한다. 자기노출 행동이 무시되고 소홀하게 대해질 때 자기노출자는 자신이 무시당하고 심지어 상대방에게 거부당했다는 느낌을 받게 된다(Bavelas, 1983). 자기노출이 상대에세 긍정적으로 수용되고, 상대가 그 내용에 대해 섬세하게 이해하는 마음으로 반응한다면 자기노출 행동은 일반적으로 매력을 느끼게 한다(Miller & Berg, 1984).

이처럼 자기노출 수신자가 자기노출자의 자기노출 행동을 수용하고 이해하고 있음을 알리는 단서들을 대화의 반응성conversational responsiveness이라고 한다(Berg, 1987; Miller & Berg, 1984). 밀러와 베르그(Miller & Berg, 1984)의 정의에 따르면 대화의 반응성이란 "다른 사람의 이야기를 듣는 사람이 그 내용에 관심이 있거나, 이해하고 있음을 나타내기 위해 취하는 행동"을 의미한다(193). 누군가가 노출하는 내용을 듣는 사람은 노출자의 자기노출 행동에 대해 내용, 스타일, 그리고 적절한 시기를 살펴 자신의 반응을 표현하게 된다. 먼저 반응의 내용이란 '무엇을 말하는가'를 의미한다. 예를 들면 상대방이 노출한 내용과 같은 내용, 또는 유사한 내용을 자신도 노출함으로써 상대방이 노출한 내용에 말을 더해 가는 것이다. 반응의 스타일은 '어떻게 말을 하는가'를 의미한다. 예를 들면 상대방이 노출하는 내용에 무관심하거나 못마땅해 하는 태도보다는 강렬하고 열정적인 태도로 반응하는 것을 일컫는다. 스타일은 응시, 신체의 기댐, 고개의 끄덕임과 같은 의사소통 시의 비언어적 행동에서 찾아볼 수 있다. 마지막으로 반응의 시기란 '자기노출 후 얼마나 빨리 거기에 대한 반응을 보였는가'를 의미하는 것이다. 일반적으로 자기노출과 이에 대한 반응 간의 간격이 길어지고, 그 사이 흐르는 침묵이 길어질수록 보다 낮은 수준의 반응성을 나타내는 것이다.

자기노출과 호감의 상호 변형적인 기능을 한마디로 요약하는 것은 어려운 일이다. 왜냐하면, 어떤 조건하에서는 자기노출이 호감으로 연결되지만, 또 다른 어떤 조건하에서는 자기노출을 해도 호감을 느끼지 않을 수 있기 때문이다. 특히 이것은 자기노출이 너무 빨리, 또는 너무 부정적인 내용으로 이루어졌을 때 더욱 그러하다. 그러나 이미 상대방에 대한 어느 정도의 호감을 갖고 있는 경우라면 초기에 자기노출을 하거나 부정적 내용을 공개해도 긍정적으로 받아들여질 수 있다. 이는 아마도 몇

몇 변형 요인이 자기노출과 호감 사이에 개입되어 있기 때문이라고 말할 수 있을 것이다.

상호성

위노나는 대학 생활에 적극적으로 참여하지 못했다. 그녀는 스물네 살로 아직 미혼이지만, 자신의 학비와 생활비를 벌기 위해 일주일에 25시간씩 웨이트리스로 일하기 때문이다. 그녀는 자신이 같은 과 친구들과는 다른 삶을 살고 있다고 항상 느껴 왔다. 그러던 어느 날 그녀는 과 친구 네댓 명과 함께 하는 팀 과제를 하게 되었는데, 수업이 끝난 후 같은 팀원인 친구 멜라니와 함께 학교 식당에서 이야기하게 되었다. 이때 위노나에게 멜라니는 자신은 세 살된 딸을 키우며 혼자 사는 미혼모임을 털어놓았다. 위노나는 이런 멜라니의 얘기를 듣고 자신이 살고 있는 처지에 대해서도 털어놓게 되었다. 그들은 비록 그동안 함께한 적은 없었지만 서로의 입장을 공감하며 서로에게 관심을 기울이고 있다는 강렬한 느낌을 받았다.

'상호 교환을 한다'는 것은 자신이 상대방으로부터 받은 것에 상응하는 어떤 것을 되돌려주는 것을 의미한다. 대부분의 사회에서 상대방에게 받은 자원, 유용한 물건, 친절한 행동, 또는 도움 등에 대해서는 상호 보답하는 것이 일반적이다. 통제된 실험실 상황에서 낯선 사람 간의 자기노출에 관한 초기 연구들을 살펴보면, 쌍방 간 효과dyadic effect 또는 상호성의 규범norm of reciprocity이란 현상이 실제로 나타났음이 제시되고 있다. 이때 상호성의 규범이란 상대방으로부터 자기노출 내용을 들은 수신자가 그에 대한 보답으로 자신이 들은 정보의 친밀한 수준과 비슷한 수준으로 자신에 관한 친밀한 정보를 공개하려는 경향을 의미한다. 예를 들어 스코트가 제인에게 자신이 알코올 중독자임을 밝혔다면, 제인은 이에 대한 상호 보답의 차원에서 알코올이나 다른 약물 중독에 대한 자신의 문제를 털어놓으려 한다는 것이다. 이와는 달리 제인이 자신도 스코트와 같은 중독 증상이 있다면서 초콜릿 중독과 같이 심각하지 않은 중독 증상을 언급했다면 이는 스코트가 노출한 내용을 대수롭지 않은 것으로 만들어 버릴 수도 있을 것이다(제인이 심각한 비만이거나 당뇨가 없다면).

상호성 규범에 대한 전통적인 설명은 사람들은 자기노출에 따른 위험과 보상을 균등하게 하기 위해 교환의 공평성equity을 유지하려고 하고 이로 인해 상호성의 규범이 나타나게 된다는 것이다. 그러나 상호성은 상대방과의 대화 규범이라기보다 일반적인 제약에 의한 것이라는 대안적 설명도 존재한다.

비록 의식적으로 생각하지는 않더라도 대화의 규범은 우리가 말할 때가 언제인지 혹은 상대방의 말에 대한 적절한 대답이 어떤 것인지 등을 인지하게 한다. 상대방이 건넨 말에 대한 적절한 대화거리는 꽤 제한적일 수 있는데, 수신자가 이 범위에 들지 않는 대답을 하면 자기노출자는 이를 알아 채게 된다(Grice,

1975). 예를 들어 당신이 누군가와 대화 도중 "당신이 말하는 요점이 뭔가요?"라고 질문한다면 이는 아마도 상대가 말한 내용에 대해 어떻게 적절히 반응해야 하는지 잘 모르기 때문일 가능성이 크다. 누군가의 자기노출을 듣는 수신자는 자기노출자가 자기노출로 인해 느끼고 있을 위험에 대해 신중해야 할 뿐만 아니라 상대의 대화 내용에 적절한 내용으로 반응해야 하는 대화 규범도 잘 지켜야 한다. 듣는 이는 상대방의 자기노출이 이러한 두 가지 요구사항 모두를 다루어야 하는 상황을 연출하게 된다는 사실을 알게 된다.

자기노출 내용이 친밀하지 않은 내용일 때보다 친밀한 내용이었을 때 대화 주제의 관련성을 유지하는 것이 훨씬 더 중요하다는 흥미로운 연구 결과들이 있다. 베르그와 아처(Berg & Archer, 1983)는 노출된 정보에 대한 반응 유형에 따라 사회적 매력도가 어떻게 평가되는가를 알아보기 위한 실험을 실시하였다. 그 결과 낮은 수준의 친밀한 정보가 노출된 상황에서는, 관련 주제 또는 친밀한 내용으로 상대방의 노출에 상호 교환을 한 사람이 사회적으로 매력적이라고 평가받는 것으로 나타났다. 그러나 높은 수준의 친밀한 정보가 노출된 상황에서는, 관련 주제를 말했어도 친밀하지 않은 내용으로 상호 교환을 한 사람은 사회적으로 매력적이지 않다고 평가받는 것으로 나타났다.

이러한 현상의 기저에 있는 동기적 요인과는 관계없이 자신이 듣게 된 자기노출에 대한 보답으로 그와 비슷한 수준의 자기노출을 하는 데에는 다음과 같은 몇 가지 요인이 영향을 미친다. 첫째, 가장 중요한 요인은 왜 자신이 자기노출의 상대로 선택되었는가 하는 것에 대한 수신자의 지각이다. 앞서 언급하였듯이 수신자는 '자기 정보를 공개한 사람'과 '그 사람이 자기노출을 하게 된 동기'에 대해서 귀인하게 된다. 이때 이러한 귀인은 자신이 받은 자기노출과 이에 대한 반대급부로 자신이 다시 제공해야 할 자기노출 간의 관계를 매개시켜 주는 역할을 한다 (Derlega, Winstead, Wong & Greespan, 1987). 따라서 수신자가 상대방의 자기노출에 대해 긍정적인 귀인을 하고 자신에게 보인 자기노출 행동이 보상을 받을 만하다고 판단할 때 상호성이 나타날 가능성은 커지게 된다. 예를 들면 상호성은 아마도 수신자가 상대방의 자기노출 이유가 자신이 특별하기 때문이라고 느낄 때("그녀는 나를 신뢰하기 때문에 나한테 이런 걸 털어놨을 거야"), 수신자가 자기노출자의 성격에 대해 긍정적으로 느낄 때("그의 의도는 '그가 왜 누군가에게 몰입하는 것이 두려운가'를 내게 이해시키려는 것이다. 그래서 나는 그것이 바로 나에 관한 것이라고 생각하지 않는다"), 그리고 수신자 입장에서 그들의 관계가 특별하다고 느낄 때 나타날 것이다. 귀인의 영향은, 왜 사람들은 상호작용의 초기에 비해 후반에 이루어진 자기노출에 보다 호의적으로 반응하는가를 설명하기 위해 사용된다. 즉 정보 수신자에 있어 서로 간 상호작용이 어느 정도 일어난 후에 이루어진 자기노출은, 자기노출자가 서로 개인적으로 친해질 때까지 기다렸다가 공개한 것이라는 일종의 신호로 여겨질 수 있다. 그러나 서로 간 상호작용이 일어나지 않은 너무 이른 시기에 이루어진 자기노출은 특별한 것으로 생각되지 않기 때문에 상대는 부정적 귀인을 하게 된다(자기노출의 시기가 자신에 관한 부정적 정보의 공개와 관련되어 있다는 추가적인 내용에 대해서는 4장을 참고하기 바람).

상호성이 일어날 가능성에 영향을 미치는 두 번째 요인은 노출 대상자가 생각하는 관계의 목적이다. 자기노출에 대한 수신자의 귀인이 긍정적이라고 해도 수신자가 상대방과의 관계를 발전시킬 마음이 없다면 공평한 교환의 규범을 지키는 것이 중요하지 않을 수 있다. 상대방의 자기노출에 대해 자신도 자신에 관한 정보를 공개함으로써 상호 교환 행동을 하는 것은 상대에게 친밀한 관계로 발전시키려고 한다는 것을 인식시키는 것이다. 그러나 수신자가 관계를 발전시키고 강화시키길 원한다고 해도, 수신자의 자기노출이 관계에 미칠 위험도가 너무 크다고 판단되는 경우에는 상호 교환 행동을 하지 않을 수 있다(예: 우리는 때론 자신에게 중요한 사람들한테 말하는 것에 위험을 느껴 말하지 않았던 것을 전혀 모르는 사람한테 말해 버리곤 한다). 이런 경우에 수신자는 상대방의 자기노출에 대해서는 여전히 반응을 보이기는 하지만 자신에 관한 정보는 공개하지 않는다. 한편 관계를 단계적으로 쇠퇴시키거나 또는 종결시킬 목적이라면 상호 교환 행동을 하지 않거나 심지어 계속해서 반응을 보이지 않게 된다. 이러한 것은 결국 자기노출자에게 자신의 행동이 더 이상 보상받지 못할 것이라는 신호가 되는 것이다. 관계의 목적에 관해서는 아래의 내용에서 보다 자세히 논의될 것이다.

상호성에 영향을 크게 미치는 세 번째 요인은 관계의 발전 단계이다(Altman, 1973). 낯선 사람과의 관계에서는 그 사람이 자기노출의 적격한 대상인가를 상대방이 보여 주는 규범적 행동에 근거하여 평가하고, 또한 간단한 검증을 통해 그 사람의 신뢰성 정도를 신속하게 판단할 필요가 있다. 사람들은 이처럼 낯선 사람에 대해 판단한 후 그 결과에 상응하는 정도로 자기노출 행동을 상호 교환하려고 한다. 그러나 넓은 의미에서 서로의 이야기를 들어 주는 역할을 주기적으로 교환하고자 하는 경우를 제외한다면, 친구와 같이 이미 서로 발전된 관계에서는 상대의 자기노출 시 그에 상응하는 자기노출로 즉각 상호 교환할 필요성이 줄어들게 된다.

이미 친구와 같은 관계라면 서로 일정 수준의 신뢰나 확신이 구축되어 있기 때문에 매번 상호 교환을 하며 서로에게 신뢰를 보여 줄 필요가 없는 것이다. 그들은 친밀한 관계를 형성하는 과정에서 이미 친밀한 정보를 '주고받을 수' 있었다는 것이다. 델레가, 윌슨, 차이킨(Derlega, Wilson & Chaikin, 1976)은 여대생을 대상으로 한 실험을 통해 지금까지 설명한 이러한 현상을 검증하고자 하였다. 실험 상황은, 실험 참가자들이 친구 또는 낯선 사람(실제로는 실험 보조자)에게 매우 친밀한 또는 별로 친밀하지 않은 내용의 정보를 듣게 되는 것으로 설정되었다. 이러한 실험 결과 실험 참가자들이 낯선 사람으로부터 정보를 들었을 때에는 자신이 받은 정보의 친밀한 수준과 비슷한 수준으로 자신에 관한 정보를 상대에게 공개하는 것으로 나타났다. 그러나 친구로부터 정보를 들은 사람은 자신이 받은 정보의 친밀한 내용의 수준에 관계없이 자신에 관한 낮은 수준의 친밀한 정보를 제공하였다.

상대방의 자기노출에 대해 즉각적으로 상호 교환을 해야 할 필요성은 결혼한 부부에게도 역시 낮게 나타난다. 로젠펠드와 보웬(Rosenfeld and Bowen, 1991)은 남편과 아내가 각각 자신의 자기노출 수준에 대해 평가한 결과, 이 둘 간에는 매우 낮은 수준의 자기노출이 있는 것으로 나타나 낮은 수준의 상호성이 있음을 제시하였다. 그들은 또한 자신의 자기노출 수준이 배우자의 자기노출 수준보다 본인의 결혼생활 만족도를 더 잘 예측하게끔 하는 변수라는 결과를 제시하였다. 로젠펠드와 보웬은 이러한 결과를 다음과 같은 몇 가지 이유로 설명하였다. 먼저 자신의 결혼생활에 매우 만족한 사람이라면 높은 수준의 자기노출 행동을 할 것이라는 설명이다. 그러나 장기적인 관계에서는 직접적인 자기노출의 교환보다는 훌륭한 수신자가 될 수 있는 파트너에게 자신은 언제든지 자유롭게 자기노출을 할 기회가 있다는 생각이 결혼생활 만족도에 더 큰 영향을 미칠 것이라는 설명 역시 가능하다. 물론 연구자들은 서로 너무 오랫동안 자기노출 수준이 다른 경우에, 자기노출을 하지 않는 사람의 행동에 의해 공평하고 정당한 관계를 구축할 수 있는 부부의 능력이 제한된다면, 그러한 자기노출 수준의 차이는 결국 두 배우자 모두에게 스트레스로 작용하게 될 것임을 경고하고 있다(Rosenfeld & Bowen, 1991, p.81).

지금까지 우리의 논의는 자기노출 수신자가 상호 교환 행동을 할 것인지의 여부를 자유롭게 결정할 수 있다는 것을 가정했다. 그러나 때때로 이러한 선택은 자기노출 행동을 한 사람에 의해 상당히 제한될 수 있다. 그러므로 자기노출의 상호 교환 행동 과정에 영향을 미치는 네 번째 요인은 자기노출자가 상대방에게 개인적 정보를 상호 교환할 수 있는 기회를 제공해 줄 것인가에 관한 것이다. 밴젤리스티, 냅과 달리(Vangelisti, Knapp & Daly, 1990)는 이러한 네 번째 요인과 관련되어 '대화의 나르시시즘conversational narcissism'이라는 개념을 제안하였다. 대화의 나르시스트들은 상대방과의 대화 시 자신의 말을 듣는 상대방의 반응에는 관심이 없고 오직 자기 자랑을 해대며 자신의 우월한 지식을 드러내기 위해 질문을 한다. 또한 노출되는 내용과 그러한 자신의 행동이 상대방의 상호 교환 행동을 저해시킬 수 있다는 것에 대해서는 심각하게 고민하지 않으며, 다른 사람의 자기노출보다 자신의 노출 행동만을 우선시하기 때문에 대화의 중심을 지나치게 '자신'에게만 맞추어 이야기한다. 이러한 대화의 나르시스트는 다른 사람과의 상호작용 시 자신이 항상 관심의 초점이 되도록 하기 때문에 상호성의 규범이 심각하게 저해받게 되는 것이다.

지금까지 살펴본 상호성에 대한 논의는 상호성, 자기노출, 그리고 상대방과의 중요한 관계가 어떤 방법으로 상호작용하는지를 이해하는 데 매우 중요한 정보를 제공한다. 요약하자면 중요한 사실은, 상호성은 일반적으로 일어날 것으로 예측되는 '규범적' 의미를 지니고 있지만, 그것이 불변적이며 자동적으로 일어나는 것은 아니라는 점이다. 일반적으로 사람들은 다른 사람의 자기노출에 대해 적절하게 반응해야 할 어떤 의무감을 느끼게 되지만, 반응의 형태와 시기는 다양하게 나타난다는 것이다. 특히 이러한 반응의 방법과 시기를 결정할 때 영향을 미치는 중요한 요소 중의 하나는 아래의 내용에서 설명할 관계 당사자들 간에 주어지는 관계의 목적이다.

목적

> 데이비드와 잉그리드는 1975년에 결혼했다. 그런데 결혼 후 얼마의 시간이 흘러 데이비드는 자신의 결혼생활을 정리하고 싶어 했고, 그때부터 부부 관계는 나빠지기 시작했으며, 데이비드는 아내 잉그리드에게 점점 말을 하지 않게 됐다. 그는 더 이상 아내에게 자신의 느낌이나 걱정거리를 말하지 않았다. 둘의 관계는 일상적인 최소한의 대화가 전부일 정도로 나빠지게 되었다. 서로 대화를 나누자는 아내의 요구에도 데이비드는 응하지 않았다. 데이비드는 아내가 자신과의 그런 다툼에 지쳐 결국에는 이혼에 응하게 될 것이라는 사실을 예측하고 있었다.

사람들은 다른 사람에게 자신에 관한 정보를 노출할 때, 이를 통해 달성하고자 하는 여러 유형의 목적을 갖고 있다. 이를테면 (a) 어느 정도의 카타르시스를 얻고(Stiles, 1987), (b) 자신에 대해 긍정적이고, 호의적이고, 또한 진실한 이미지를 제시하고(Schlenker, 1984), (c) 다른 사람에 대한 정보를 얻거나(Berger & Bradac, 1982), 또는 (d) 자신이 상대방과의 관계가 어떻게 정의되기를 원하는가에 대한 일종의 신호를 보내기 위한 것 등이 이러한 목적의 유형이 될 수 있다. 로젠펠드와 켄드릭(Rosenfeld & Kendrick, 1984)이 대학생을 대상으로 한 연구에서, 친구와의 관계에서 나타나는 자기노출 행동에서 가장 자주 언급되는 목적은 관계 유지 및 증진, 자기 명시, 그리고 상호성(상대에게 자기노출로 상호 교환할 기회)인 것으로 나타났다.

특히 친구와의 우정이 발전할 때 자기노출이 어떻게 전략적으로 사용될 수 있는가에 대한 미엘과 덕(Miell & Duck, 1986)의 연구는 흥미로운 결과를 제시한다. 그들은 다양한 관계의 목적—예를 들어, 새로운 사람 사귀기, 관계 강화하기, 관계 발전 억제하기, 친한 친구와 상호작용하기—에 따른 적절한 행동을 몇 개의 주관식 문항으로 질문하였다. 그 결과 새로운 파트너(만난 적은 있지만 친하지는 않은 사람)에 대한 행동은 다음의 목적, 즉 (a) 자신에 대해 너무 많은 것을 드러내는 것을 지연시키고, (b) 상대방에 관한 정보를 획득해서 자신의 파트너가 될 만한 사람인가를 평가하기 위한 것과 같은 두 가지 동기를 갖고 있었다. 흥미롭게도 몇몇의 행동은 새로운 관계에서 서로 친해지고자 하는 목적을 가진 경우와 이미 구축된 관계의 발전을 억제하려는 목적을 가진 경우 모두 동일하게 나타난다는 것이다. 예를 들면 〈그림 2-4〉에서 다소 말을 아끼며 정중한 태도를 보이는 것이 새로운 파트너와의 '대화 상황'에서는 긍정적이고 격려할

새 파트너와의 대화

• 질문하기 • 상호 교환적 자기노출 행동으로 반응하기 • 파트너의 반응을 관찰하기	• 말을 아끼고/정중하기 • 일반적인 대화의 수준 • 적절한 대화 주제를 제한된 범위로 한정하기 • 파트너를 자주 보지 못함	• 질문하지 않기 • 사교적이거나 민첩하게 반응하지 않기 • 상대방의 반응을 살펴보지 않기

관계 발전을 억제하는 대화

가까운 친구와의 대화

• 도움과 지원을 아끼지 않기 • 상호 간 신뢰/공유된 지식에 의존하기 • 거리낌 없이 편하게 대하기	• 적절한 대화 주제를 광범위하게 설정하기 • 친밀한 수준의 대화 내용 • 파트너를 자주 보기	• 만남을 계획하기 • 기존의 서로에 대한 정보 이외의 새로운 정보 확인하기

관계를 강화시키는 대화

〈그림 2-4〉 적절한 행동에 대한 네 가지 대화 상황
자료 출처 : D. Miell and S. Duck(1986), "Strategies in Developing Friendships" *Friendship and Social Interaction*, New York:Springer-Verlag.

만한 행동으로 여겨지지만, 관계의 발전을 억제하려는 목적을 지닌 '대화 상황'에서는 부정적이고 회피적인 행동으로 여겨진다. 상대방에게 질문과 대답을 하지 않고, 상대방의 반응에 대해서도 살펴보지 않는 것과 같은 행동들도 두 '대화 상황'에 따라 서로 상반되는 행동으로 여겨지는 것들이다.

미엘과 덕(Miell & Duck, 1986)의 이러한 연구 결과는 자기노출 행동, 자기노출을 유도하는 행동, 또한 자기노출을 회피하게 하는 행동 모두가 현재 관계의 상황을 고려하지 않고서는 완전하게 이해될 수 없음을 의미하는 것이다. 이것은 관계를 끝낼

때에도 자기노출의 방법이 사용될 수 있다는 사실로 인해 더욱 명백해질 수 있다. 사실상 억제되고 상호 교환되지 못한 자기노출 행동은 분명하게 드러나기보다는 시간의 경과에 따라 서서히 나타나게 되는 것임에 틀림없다. 자기노출 행동은 상대방이 그것을 알아차리고 그 의미를 해석하는 능력에 크게 의존한다. 그렇기 때문에 때때로 서로의 관계에 불만족한 사람은 그 관계가 종결되고 있다는 사실조차 깨닫지 못한다. 즉 서로의 관계가 나빠지고 있다는 것은 느끼겠지만, 관계 종결에 직면할 때까지 실제 서로의 목적이 관계의 종결이라는 사실을 인지하지 못한다는 것이다.

우리는 여러 TV 드라마에서 부부간의 결혼 관계가 깨질 때 절망한 배우자가 마침내 "나는 당신을 사랑하지 않아요, 나는 당신을 결코 사랑할 수 없어요. 우리 결혼은 가치 없는 거짓투성이였어요. 나는 이 관계를 끝내고 싶어요"라고 울부짖으며 자신의 마음을 폭로하는 장면을 많이 볼 수 있다. 이 경우는 자기노출을 관계 종결의 전략disengagement strategy으로 매우 직접적으로 사용한 경우가 된다.

그러나 아마도 가장 일반적인 상황은 시간이 지남에 따라 자기노출 유형이 점차적으로 변화하는 형태로서, 자신들 관계의 건강성과 안정성에 대한 관계 당사자들의 이해에 있어서의 미묘한 변화들을 통해 의미가 부여되는 노출 유형이다. 예를 들면 일반적으로 상대방과의 관계에 문제가 있을 때 자신의 프라이버시를 지키려는 정중한 태도는 냉담함과 상대방과 거리를 두려는 태도로 재해석될 수 있다. 평소에는 상대방에 대한 관심의 표시로 여겨지던 질문 역시 상대방을 공격하기 위한 것으로 여겨질 수 있다. 또한 부부가 평소 나누었던 대화 주제는 하찮아지고, 하찮게 여겼던 내용이 서로의 대화 주제가 되기도 한다.

백스터(Baxter, 1987)는 관계가 종결되는 동안 자기노출 행동이 어떻게 전략적으로 사용되는가를 개인적 의사결정, 의사결정 실행, 공개적 표현의 세 단계를 통해 자기노출 행동의 기능을 살펴봄으로써 체계적으로 제시하였다.

먼저 개인적 의사결정 단계에서 관계 당사자들은 계속 관계를 유지할 것인가의 여부를 결정하게 된다. 그들은 이러한 결정에 영향을 미치는 요인들을 평가하기 위해 자기노출 행동의 양상을 변화시킬 것이다. 예를 들어 상대방의 인격을 무시하기도 하고, 상대방이 자신에게 애정을 갖고 강한 몰입을 하고 있는가를 확인해 보기 위해 모르는 남처럼 이야기하는 것과 같은 '인내심 테스트'를 할 수도 있을 것이다. 또는 향후 관계를 끝내고 싶어 하는 사람은 관계가 끝날 수 있나는 것을 빗내어 말하기 위해 '간접적인 암시 테스트'를 할 것이다. 백스터에 따르면 이러한 간접적 방법들은 이로 인해 추가적인 정보를 얻는 더 이상의 기능을 할 수 없을 때까지 사용된다고 한다. 그러나 향후 관계를 정리하고 싶어 하는 사람이 이러한 테스트를 할 기술이 없거나, 또는 이러한 노력을 기울여 상대방에게 체면을 세우는 데 투자할 만큼 충분한 가치가 없다고 생각한다면 이러한 방법은 사용되지 않을 것이다.

다음 단계인 의사결정 실행 단계는 관계 당사자들이 관계를 끝내려는 자신들의 결정을 공개적으로 드러내는 단계이다. 이 단계는 실제 관계 종결 단계가 시작되는 단계로, 관계의 회복이 이루어지지 않는다면 일반적으로 이 단계에서 관계는 종결된다. 백스터에 의하면 이 단계에서는 일반적으로 거리감에 대한 단서 제공과 관계에 대한 단서 제공 두 가지 전략이 사용된다고 한다. 이때 거리감에 대한 단서 제공이란 자신의 개인적 자기노출의 성격, 폭, 깊이 등을 감소시킴으로서 거리감을 느끼게 하는 것을 의미하며, 관계에 대한 단서 제공이란 상대방과의 현재 관계의 상태 및 관계에 대한 느낌 등을 공공연하게 이야기하는 것을 의미한다. 향후 상대방과의 관계를 종결하려는 사람의 경우, 그 관계가 매우 가까운 관계가 아니었다면 보다 간접적 방법인 거리감을 느끼게 하는 단서 제공을 선택할 것이다. 거리감을 느끼게 하는 단서 제공법은 관계를 빨리 종결시키 데 있어 매우 효과적인 방법이 아니며 관계를 정리하는 시간을 보다 오래 끌어 궁극적으로는 보다 고통스러운 이별이 되게 한다. 한편 종결시키고자 하는 관계가 가까운 관계였다면 누군가는 관계가 끝나는 것에 대해 좀더 직접적인 설명을 할 책임이 있다고 생각한다. 뿐만 아니라 그러한 설명은 관계 종결의 원인이 관계 당사자의 성격이나 행동보다 당사자 이외의 외부적 요인으로 귀인될 때 더욱 직접적이게 될 것이다.

마지막 단계인 공개적 표현 단계에서의 자기노출은 왜 관계를 끝내는 것이 바람직했는지를 사회적 네트워크 내에 있는 사람들에게 설명하기 위해 사용된다(Duck, 1982; La Gaipa, 1982). 하비, 웨버와 오부크(Harvey, Weber & Orbuch, 1990)가 제시하였듯이, 이러한 설명—관계를 끝내는 것이 왜 바람직한지에 대한 설명—은 자기노출의 매우 특별한 한 형태로서 혼돈에 빠진 것 같은 주변 환경을 정리하기 위한 일종의 노력이기도 하다. 이때 그러한 설명은 수신자들의 특성에 따라 기술적 정보 공개와 평가적 정보 공개가 적절한 비율로 구성되어져 제시될 것이다.

결론

자기노출은 관계의 형성, 유지, 종결에 매우 중요한 역할을 한다. 이 장에서 우리는 여섯 개의 변형 요인, 즉 관계 정의, 시간, 귀인 과정, 호감, 상호성, 그리고 관계 목적에 대한 광범위한 내용을 정리하였다. 이와 같은 각각의 변형 요인은 독립적으로 또는 다른 변형 요인과 결합해 관계 당사자들에게 언제, 그리고 왜 정보를 노출해야 하며, 특정 상황에서 자기노출이 의미하는 바가 무엇인가에 대해 생각할 수 있는 '지침'을 제공한다. 이러한 지침은 변형 요인이 변화함에 따라 계속적으로 변경된다. 그러므로 별로 친하지 않은 친구를 친한 친구로 바꾸는 관계 정의는 서로 간 나눌 수 있는 대화 주제의 범위와 깊이를 확대시키지만, 한편으로는 즉각적인 상호 교환의 행동에 대한 기대를 느슨하게 만들기도 한다. 또한 반어법처럼 관계를 끝내려는 목적이 상호 교환 행동을 지연시킴으로써 달성되기도 한다. 그러나 오랜 시간 동안 지속되면 이는 관계의 공평성을 무시하고 있음을 나타내는 것이 되기도 한다. 이런 경우에 시간이라는 것이 매우 중요한 요인이 된다.

분명히 자기노출과 관계를 분리하여 설명하는 것은 불가능하다. 이는 자기노출 유형과 관계 변화가 상호 변형시키는 요인으로 작용하기 때문이다. 단지 우리가 확실히 알 수 있는 사실은 자기노출은 관계를 발전시키고 변화시키는 데 중요한 촉매 역할을 한다는 것이다. 그러나 유념해야 할 사실은 자기노출이 관계에 영향을 미치는 유일한 요인은 아니며, 또한 항상 긍정적인 영향을 미치는 것은 아니라는 사실이다. 따라서 관계 당사자는 자기노출이 잠재적으로 초래할 수 있는 긍정적 측면과 부정적 측면 간의 균형을 이루는 법을 배워야 한다. 이것을 잘 이해하면 부정적인 자기노출을 긍정적인 것으로 변화시키고, 친밀한 대화와 사회적 활동을 적절히 병행함으로써 관계의 모든 단계에서 자기노출이 줄 수 있는 가장 큰 이점을 얻을 수 있을 것이다.

3

Disclosure

성별

스물여덟 살의 앤은 로스앤젤레스에, 그녀의 대학 친구인 엘라인은 필라델피아에 산다. 그들은 서로 떨어져 살지만 자주 전화 통화를 하는 사이다. 앤은 "엘라인은 내가 얘기할 사람이 필요할 때 좋은 대화 상대가 돼 주죠. 어떤 때는 그냥 제 말을 듣고만 있지만, 어떤 때는 제게 충고를 해 주기도 해요. 제가 해결하지 못하는 문제가 있을 때는 제게 자신의 의견을 말해 주기도 해요"라고 말한다.

열여덟 살의 칼은 고등학교 3학년의 남학생이다. 그에게는 우디와 조시라는 두 동성 친구가 있다. 최근 칼은 여자 친구와 헤어져 우울해 하고 있다. 그러나 그는 자신의 우울한 마음을 우디와 조시에게 보이고 싶지 않기 때문에 여자 친구와의 이별을 단지 농담처럼 이야기했다.

타이론의 부인인 로즈는 몇 년 동안 병석에 누워 있었다. 그의 이웃들은 이 시기를 그가 얼마나 꿋꿋하게 지냈는가에 대해 존경을 담아 이야기한다. 타이론은 물론 아내의 병이 무척 걱정되었지만 마음을 다잡으려고 노력하였다. 그는 스스로 강해져야 한다고 생각했다.

성별이 자기노출 행동을 결정하는 데 미치는 영향에 대해서는 수십 년간 논쟁이 있어 왔다. 1971년 시드니 주랄드는 남성의 성 역할에 대한 기대는 남성으로 하여금 '강하고, 객관적이고, 전투적이고, 성취욕이 강하며, 감정적이지 않고, 감정을 잘 드러내지 않아 보이기'와 자기노출을 억제하는 행동을 하도록 요구하고 있다고 하였다(Jourard, 1971b, p.35). 반면 여성에 대한 성역할 기대는 여성으로 하여금 잘 보살피고 위안을 주는 역할을 하도록 요구하고 있으며 여성의 자기노출을 부추긴다고 하였다.

이 장에서 우리는 가까운 관계에서 성별이 자기노출에 미치는 영향에 대해 살펴볼 것이다. 특히 성별과 관련된 자기노출이 남성과 여성의 하위문화적 차이를 어떻게 반영하는지의 여부를 살펴보고자 한다(Maccoby, 1990, 1991; Maltz & Borker, 1982; Tannen, 1986, 1990). 북미 지역에서 성장한 남성의 문화(백인, 신교도, 유럽 문화 중심)는 과업의 달성을 중요한 목적으로 생각하며, 이러한 목적 달성을 위해 감정의 억제는 일반적인 전략으로 생각하는 경향이 있다. 그러나 여성에게는 사회적, 감정적으로 친밀감을 갖는 것이 더욱 중요한 목적이며, 그러한 목적 달성을 위해서는 감정을 억제하는 것보다 감정을 표현하는 것을 일반적인 전략으로 여기는 경향이 있다. 따라서 가까운 관계에 있는 남성과 여성 간 자기노출 행동의 차이점이 존재한다면, 그것은 아마도 남성은 '행위' 또는 '일 중심적'이라는, 여성은 '관계 중심적, 사회-감정적'이라는 목적의 차이 때문일 것이다. 즉 남성과 여성 모두는 자신의 목적 달성을 위해 커뮤니케이션을 하지만, 동일한 상황에 각기 다른 목적을 부여할 수 있는 것이다.

남성과 여성 간의 하위문화의 차이subcultural differences에 대한 개념은 이성 간의 대화 시 '오해'가 발생하는 이유를 설명하는 데 유용하다(Tannen, 1990). 이성 간의 관계에서 일어날 수 있는 갈등과 혼란의 원인은 위에서 언급한 대로 남성과 여성이 동일한 상황에서 다른 목적을 갖고 있기 때문이다. 예를 들면 스트레스를 많이 받은 상황에서 여성은 자신의 마음을 솔직히 털어놓음으로써 감정적 도움을 받는 것을 가장 중요한 목적으로 여긴다. 반면에 동일한 상황이라고 해도 남성들은 자신의 마음을 솔직히 털어놓는 것보다는 평온한 이미지를 보여 주는 것을 가장 중요한 목적으로 여기는데, 이는 감정적으로 친밀한 관계 맺음에 방해가 되기도 한다.

이 장에서 우리가 검토하게 되는 주제들은 크게 다음의 5가지에 관한 것이다. 즉 a) 동성 관계에서 주로 이야기하는 내용은 무엇이며, 좋아하는 대화 주제는 무엇인가? b) 애인이나 배우자와 같은 친밀한 이성 관계에 있어 성별이 자기노출에 미치는 영향은 무엇인가? c) 남성이 여성과 사귀고 싶어 할 때 첫 만남에서 여성보다 얼마나 자기노출을 적극적으로 하는가? d) 성별에 따른 자기노출 행동의 차이를 설명할 수 있는 메커니즘은 무엇인가? e) 성별에 따른 자기노출 행동의 차이(여성들은 자신의 느낌을 드러내는 것을 더 좋아하고, 남성은 감추는 것을 더 좋아함)가 서로의 관계에서 생기는 문제를 해결하는 데 어떻게 영향을 미치며, 나아가 관계에 대한 만족/불만족에 어떻게 영향을 미치는가에 관한 내용들을 포함한다. 이러한 주제에 대한 우리의 논의는 자기노출 시 성별과 관련된 차이는 남성과 여성이 다른 하위문화에 속해 있다는 것을 고려한다면 이해될 수 있다는 문화적 차이의 관점에 근거하여 거론한 것이다. 물론 보다 크게 본다면 남성과 여성은 모두 한 사회의 일원이지만 그들이 성장해 살고 있는 환경은 서로 상이한 하위문화적 환경에 속해 있으므로 남성과 여성 간에는 다소의 차이점이 존재할 수 있다는 것이다.

그러나 성별과 자기노출에 대한 우리의 분석에 다소 주의를 기울일 필요가 있다. 왜냐하면 남성과 여성의 자기노출 행동을 평균적으로 본다면 성별에 따른 차이가 존재할 수 있지만, 상당 부분에 대해서는 공통적인 부분 역시 존재하기 때문이다(Dindia & Allen, in press, Hill and Stull, 1987; Youniss & Smollar, 1985). 따라서 가장 주목해야 할 점은 단지 자기노출 행동 시 성별과 관련된 차이가 존재한다는 사실보다는 이러한 차이가 가까운 관계를 유지시키고 서로의 관계에서 발생하는 문제를 해결하는 데 어떤 영향을 줄 수 있는가를 살펴보는 것이다.

이제 독자들은 이후의 내용들을 계속 읽어 나가기 전에 다음의 '자기노출 설문지'를 작성해 보기 바란다. 가까운 관계에 있는 사람들과의 성별에 따른 자기노출 행동을 예측해 보기 위해 가능한 한 최대한의 남성과 여성들을 설문에 참가시킬 것을 권한다.

자기노출 설문지

친구 간의 대화 시 성별에 따라 자기노출 행동에 차이가 있는가?

자신이 평소 친하다고 생각하는 남자 친구와 여자 친구를 각각 한 명씩 떠올린다. 아래의 설문 항목들은 그 친구들에게 자신이 나타낸 자기노출 정도를 묻고 있다(전혀 이야기하지 않은 주제는 0점~완전하고 충분히 이야기한 주제는 4점).

1. 나의 개인적 습관들
2. 네가 죄책감을 느꼈던 일들
3. 내가 다른 사람 앞에서 하고 싶지 않은 일들
4. 내 마음 가장 깊은 곳에 있는 느낌
5. 나에 대해 좋아하는 점과 싫어하는 점
6. 내 인생에 있어서 중요한 것
7. 현재의 내가 있도록 하게 한 것
8. 내가 가장 두려워하는 것
9. 내가 한 일 중 가장 자랑스러운 것
10. 나와 친한 다른 사람과의 관계

당신은 열 개의 항목 각각에 대한 점수를 더하여 자신이 생각했던 각 사람에 대한 당신의 전반적인 자기노출 점수를 얻을 수 있다. 점수가 높을수록 당신은 그 사람에게 자기노출을 더 많이 한 것이다. 한 학급 정도처럼 많은 사람들이 이 설문에 응했다면, 자기노출에 있어서 성별에 따른 차이점을 확인하기 위한 질문들을 테스트해 볼 수 있을 것이다. 예를 들면 자신이 염두에 둔 사람에 관계없이 평균적으로 여성은 남성보다 자기 정보를 더 많이 공개하는 경향이 있는가? 사람들은 남자 친구보다는 여자 친구에게 자기 정보를 더 많이 공개하는가와 같은 질문이다. 한편 몇몇의 연구에 의하면 남성 간보다 이성 간 또는 여성 간의 관계일 때 더 많은 자기노출이 일어난다고 한다. 그렇다면 이와 관련해 남성들은 동성 친구보다 이성 친구에게 자기노출을 더 많이 하는가? 여성들은 이성과 동성 친구 모두에게 있어 상대적으로 더 높은 수준의 자기노출을 하는가? 남성들이 여성들보다 덜 친밀한 내용을 공개한다면, 성별에 따른 자기노출 행동의 이러한 차이점들이 가까운 관계 간에 있어 발생하는 문제점을 해결하는 데 어떠한 영향을 미치는가와 같은 질문을 할 수 있다.

자료 출처: "Openers: Individuals Who Elicit Intimate Self-Disclosure" by L. C.Miller, J.H.Berg, and R.L.Archer, 1983, *Journal of Personality and Social Psychology*, 44, p.1236, Used by Permission of Lynn Miller, Rick Archer, and the American Psychological Association.

동성 간 관계에서 성별이 자기노출에 미치는 영향

이성 간의 대화는 다른 문화 간의 커뮤니케이션이다. 간단히 보면 문화란 과거 경험으로부터 쌓인 습관과 양식의 네트워크를 의미하며, 여성과 남성이 경험한 과거 경험의 차이는 곧 상이한 문화적 배경을 갖게 한다. 여성과 남성은 태어났을 때부터 다르게 양육되고, 다른 말을 들으며 성장하기 때문에 말하는 양식에도 차이를 보이게 된다. 남자아이와 여자아이는 비록 한 집에서 자랐다고 해도 다른 세상에서 자라게 되는 것이다. 성인이 되어서도 유년 시절에 형성된 이러한 양상의 차이는 더욱 심화되며, 남성과 여성은 서로 다른 세상을 살아가게 된다. 이러한 문화적 차이는 관계에 있어서 말하는 것의 역할에 대한 성별에 따른 상이한 기대를 포함하고 있다(Tannen, 1986, p.125).

콜드웰과 페플라우(Caldwell & Peplau, 1982)는 미혼의 대학생들을 대상으로 한 연구에서 여성들이 남성에 비해 동성 간 우정에 있어 친밀한 커뮤니케이션을 얼마나 더 중요시하는가를 살펴보았다. 연구 결과 성별에 따른 전체 친구 수, 즉 '일상적인', '좋은', 또는 '친밀한' 친구의 수에는 유의한 차이가 없는 것으로 나타났다. 또한 친구와 함께 보내는 주중의 시간에도 성별에 따라 유의한 차이는 발견되지 않았다. 그러나 가장 친한 친구를 단지 대화하기 위해서 만난다고 응답한 비율은 여성이 남성보다 많았다(여성은 일주일에 세 번 정도, 남성은 일주일에 두 번 정도라고 응답함). 한편 남성과 여성 모두는 친밀한 우정("진정으로 커뮤니케이션하고 싶고, 자신의 마음과 개인적 문제에 대해 털어놓을 수 있는 사람"으로 정의됨(p.725))을 원하는 것으로 나타났지만, 그러한 친구들과 어떻게 시간을 보내고 싶은가에 대해서는 차이를 보였다. 즉 동성 친구와 '어떤 활동을 하는 것', 또는 '단지 이야기만 하는 것' 중에서 선택을 하게 했을 때, 여성은 남성보다 '단지 이야기만 하는 것'을 더 선호한 반면(57%:16%), 남성은 여성보다 '어떤 활동을 하는 것'을 더 선호하였다(84%:43%). 일반적으로 동성의 친구와 나누는 대화 주제에 대한 질문에서, 자신의 고민거리 같은 개인적 문제라고 답한 여성은 남성보다 두 배 정도 많은 비율이었다. 또한 여성은 남성보다 개인적 문제뿐만 아니라 다른 사람에 관한 문제에 대해서도 더 많이 이야기하는 것으로 나타났다.

또한 콜드웰과 페플라우(Caldwell & Peplau, 1982)는 동성의 두 사람, 한 사람은 최근에 성공을 한 사람인데 그에게 다른 한 사람이 전화를 걸어 축하해 주는 대화 상황에 대한 역할극을 하게 했다. 그 결과 여성은 남성보다 감정을 더욱 많이 표현하면서 격려의 말을 하는 것으로 나타났다. 성공한 사람의 역할을 했던 여성은 남성보다 두 배 정도 많은 감정 표현을 했으며, 축하해주는 사람의 역할을 했던 여성 역시 남성보다 더욱 풍부한 감정 표현을 하며 격려의 말을 건넸다.

한편 성별에 따른 자기노출의 차이는 중년층의 동성 간 관계에서도 발생하는 것으로 나타났다. 에어리즈와 존슨(Aries & Johnson, 1983)은 평균 쉰 살 정도의 중년층에게 '자신의 가장 가까운 동성 친구라고 생각하는 사람'(p.1186)과의 커뮤니케이션에 대한 설문지를 작성하게 하였다. 그 결과 남성에 비해 여성은 개인적 문제, 불신과 두려움, 가족 문제, 가까운 관계에 있는 사람과의 문제 등과 같은 민감한 주제에 대해 동성 친구들과 더 자주 이야기하는 것으로 나타났다. 여성은 또한 남성에 비해 취미나 공동의 활동과 같은 덜 개인적 주제에 대해서도 동성의 친구와 더 많이 이야기하는 것을 알 수 있었다. 남성이 여성보다 더 자주 이야기하는 유일한 주제는 단지 스포츠에 관한 것뿐으로 남성은 여성보다 스포츠에 대해 더 깊게 대화를 나누는 것으로 보고되었다.

휠러, 리스, 그리고 네즈렉(Wheeler, Reis & Nezlek, 1983)은 대학교 졸업생들을 대상으로 로체스터의 상호작용 기록지Rochester Interaction Record를 이용한 사회적 상호작용에 대한 연구를 통해, 동성과 이성 친구 간의 관계에서 여성과 남성에 따른 친밀한 커뮤니케이션 양상에 대한 추가적 자료를 제시하였다. 그들은 연구 참가자들에게 지난 2주 동안 친구나 다른 사람들과 10분 이상 지속했던 모든 상호작용을 기록하게 하였다. 그 후 참가자들은 친밀감, 자기노출, 그리고 다른 사람들이 자신에게 한 자기노출(다른 사람들이 자신에게 얼마나 많은 정보를 공개하였는가)에 대한 내용들에 대해 응답하였다.

이러한 연구 결과에 따르면 동성과의 관계에서 남성은 여성에 비해 친밀감, 자기노출, 다른 사람들이 자신에게 한 자기노출 모두에서 낮은 수준을 나타냈다. 그러나 이성 간의 관계에서 친밀감과 자기노출 정도는 남녀 간에 유의한 차이를 보이지 않았으며, 그 양상은 여성 간의 상호작용과 유사하게 나타났다. 휠러 등(Wheeler et al., 1983)은 또한 상호작용 시 성별에 따른 친밀감의 차이가 관계의 가까움 정도에 의한 것인지를 살펴보았다. 이를 살펴본 이유는 남성은 소수의 친한 친구들과만 친밀한 관계를 형성하는 것에 비해 여성은 남성보다 전반적으로 많은 친구들과 친밀한 관계를 형성할 것이라고 생각되었기 때문이다. 연구 결과 상대방이 '가장 친한 친구', 또는 '보통의 친구'인 동성 간 관계에서는 성별에 따른 차이점이 발견되었다. 그러나 이성 간 관계(남자 친구/여자 친구, 이성의 플라토닉 친구, 이성 친구)에 있어서는 자신의 자기노출, 다른 사람이 자신에게 보이는 자기노출, 또한 친밀감의 정도에 있어 성별 간 유의한 차이가 없는 것으로 나타났다.

이러한 연구들이 보여 주고 있듯이 자신에 대해 노출하는 정보의 주제와 이러한 정보를 노출할 상대로 선택된 사람에 대해 남성과 여성 간에는 다소간의 차이점이 존재한다. 특히 여성끼리 이야기하는 경우 개인적이고 민감한 주제에 대해 더 많은 이야기를 나누고, 더 많은 감정을 표현하며, 서로 간 정서적인 지원을 보다 많이 하게 된다. 그러나 남성끼리 이야기하는 경우는 주로 일과 관련된 대화를 나누며, 자신에 관한 자기노출을 꺼리는 경향이 있다.

그렇다면 남성과 여성이 각기 다른 문화적 환경에서 성장해서 살고 있다는 점을 염두에 두고 남녀 간 자기노출 행동의 차이가 이러한 문화적 차이를 어떻게 반영하고 있는가를 생각해 보자(Maccoby, 1990, 1991; Maltz & Borker, 1982; Tannen, 1986, 1990). 성 역할에 대한 사회적 학습의 과정으로, 남자아이들은 어려서부터 자신감 있고, 결단력 있고, 독립적이고, 이성적이며, 위기가 닥쳐도 자제력을 잃지 않을 것을 배우며 성장하게 된다. 이러한 자질은 대인관계에 있어 리더십을 발휘하는 데 도움이 될 수 있다. 반면에 여자아이들은 상냥하고, 동정심과 이해심이 있어야 하며, 다른 사람의 요구를 잘 수긍해야 한다는 것을 배우며 자라게 된다. 이러한 자질은 양육자로서의 역할에 도움이 되며, 대인관계 시 자신의 감정을 잘 표현할 수 있게 한다. 즉 성별에 따른 이러한 사회적 학습 과정의 차이가 자신의 느낌과 감정 표현에 대한 가치 평가에 영향을 미치게 되는 것이다. 더욱이 남자, 여자아이 모두는 유년 시절부터 주로 동성의 또래 친구들과 어울려 놀게 되며, 그 놀이 과정을 통해 사회화 과정을 거치게 된다. 동성의 또래 친구와의 관계를 통해 사회적으로 기대되는 성역할에 대한 행동을 서로 배우게 되고 강화시켜 나가게 되는 것이다. 동성의 또래 친구와의 관계에서 남자아이들은 계급적인 조직 구조 속에서 지위와 리더십을 놓고 서로 경쟁하게 되고, 여자아이들은 보다 작은 조직 속에서 더 많은 대화와 상호작용을 하게 된다. 때문에 특히나 동성 간의 관계 측면에 있어 남성과 여성은 각기 다른 세상으로부터 오게 된 것이다(성별에 따른 커뮤니케이션의 차이가 문화적 차이를 반영한다는 견해에 대한 비판은, Henley & Kramarae, 1991의 연구를 참고).

연인 관계와 결혼 관계에서 성별이 자기노출에 미치는 영향

서른세 살의 벤은 그의 아내 멜리사를 여러 이유로 사랑한다. 그중에서도 가장 큰 이유는 자신의 문제나 걱정거리를 아내에게 이야기할 때 편안함을 느낄 수 있다는 점이다. "처음에는 아내에게 하루 중 좋았거나 성공적인 일만을 이야기했어요. 그러나 결국에 아내와 가까워지기 위해서는 좋지 않은 일과 실패한 일까지도 이야기할 수 있어야 한다는 것을 깨닫게 됐어요. 아내는 제가 나쁜 일을 말해도 나쁘게 생각하지 않고 오히려 그것들에 잘 대처할 수 있도록 저를 도와주죠. 그래서 저는 제 아내에게 언제나 마음을 열고 대하죠. 이런 것은 직장 동료들에게 전혀 기대할 수 없는 일이죠"라고 그는 말했다.

마흔두 살의 여성인 도리스는 직장과 이웃에 자신의 개인적 문제를 편안하게 털어놓을 수 있는 여러 명의 동성 친구가 있다. 그러나 그녀가 비밀을 털어놓을 수 있는 가장 친밀한 사람은 바로 그녀의 남편 마크이다. 그녀는 "전 제가 생각하는 중요한 모든 것을 남편에게 말하죠"라고 이야기했다.

연인 관계 또는 결혼 관계를 이해할 때, 남녀 간의 문화적 차이를 이해하는 것은 매우 중요하다. 그러나 '공개의 윤리ethic of openness'라는 보다 큰 사회적 가정이 이성관계에서 남성과 여성이 얼마나 정보를 공개하려고 하는가에 영향을 미칠 수 있다. 남성과 여성 모두는 이성과 가까운 관계를 발전시키고 유지시켜 나갈 때, 상대방에게 자신에 관한 친밀한 정보를 공개하고 싶어 할 것이다. 깊은 수준의 친밀한 내용의 자기노출이 실제로 일어나게 되면, 그 내용을 들은 가까운 이성 관계에 있는 상대방은 자신이 들은 것과 동일한 수준의 내용으로 자기노출을 할 것이다(Rubin, Hill, Peplau & Dunkel-Schetter, 1980).*

루빈 등(Rubin et al., 1980)은 연인 관계인 커플들에게서 공개의 윤리가 나타남을 규명하였다. 루빈 등은 연구에 참여한 사람들에게 자기 보고 방식으로 파트너에게 자기노출을 얼마나 하는가를 질문하였다. 그 결과 여러 가지 대화 주제를 종합한 평균적인 결과를 살펴보면 여성의 58%, 남성의 57%가 자신의 파트

* 비록 자료가 있는 것은 아니지만 '공개의 윤리'라는 개념의 견지에서 볼 때, 가까운 관계에 있는 동성애자인 남성과 여성은 이성애자인 남성과 여성이 자신의 파트너에게 보이는 자기노출 수준과 차이가 없을 것이다.

너에게 '완전하게' 정보를 노출했다고 대답하였다. 또한 설문지에 제시된 노출된 정보의 전체 항목 수에 대해서도 남녀 간 유의한 차이가 없는 것으로 나타났다.

이처럼 공개의 윤리는 연인 관계에 있는 대부분의 사람들에게 높은 수준의 자기노출 행동을 하게 하는 것처럼 보인다. 예를 들면 실험에 참가했던 여성인 베스티는 "남자 친구를 만난 이후로 정말 좋은 건 서로에게 모든 것을 다 털어놓을 수 있는 좋은 관계를 갖게 됐다는 거예요. 비록 우리를 괴롭히는 일이 있다 하더라도 우리는 그것을 모두 다 이야기할 수 있어요" (Rubin et al., 1980, p.314). 베스티의 남자 친구인 로스는 그녀에게 "나는 너한테 결코 어떤 것도 숨기지 않을 거야…. 너는 내가 모든 마음을 털어놓고 싶은 사람이며, 나 또한 네가 모든 것을 털어놓을 수 있는 상대이고 싶어"(p.314)라고 이야기했다. 그러나 많은 커플들에게서 자기노출 행동에 대한 문화적 가치에 남녀 간 차이가 있음을 찾아볼 수 있다. 루빈 등(Rubin et al., 1980)의 연구에서 인터뷰한 한 여성은 남자 친구보다는 자신이 더 쉽사리 걱정거리나 불확실한 일들에 대해 말한다고 하였다. 그녀는 "제 남자 친구는 자신은 어떤 걱정도 있어서는 안 되고, 걱정에 대해서 말하지 않으면 걱정도 사라질 거라고 생각하는 것 같아요"라고 말했다(p. 314).

가까운 관계에 있는 남성과 여성은 일반적으로 서로에게 마음을 터놓기를 바라지만, 실제 어떤 문제에 부딪히게 때 나타나는 자기노출 행동은 성별에 따라 차이를 보이게 된다. 고틀립과

와그너(Gottlieb & Wagner, 1991)는 소아당뇨병이나 낭포섬 섬유증과 같은 큰 질병을 앓고 있는 자녀를 둔 부부를 대상으로 인터뷰를 실시하였다. 인터뷰 결과 남편과 아내는 자녀의 투병과 같이 큰 스트레스를 주는 사건에 대처하는 방법에 대한 생각이 다르며, 이러한 생각의 차이는 서로 간 커뮤니케이션하는 방법에 영향을 미치는 것으로 나타났다. 남편과 아내의 차이점을 살펴보면, 남편은 자녀의 질병 문제에 이성적으로 접근하고자 하였다. 예를 들면 남편들은 자신의 아내가 좀더 성숙하게 행동하고(예: "당신은 이러한 병을 갖고 있는 아이가 있지만, 그 아이와 함께 열심히 살아야만 해요"), 걱정을 유발하는 대화를 삼가고(예: "그래, 그래, 그래요. 그건 전부 전에 했던 얘기들이잖아요"), 냉정함을 잃지 않기를(예: "그만, 제발 그만해요. 당신 스스로 얼마나 마음이 아프겠어요" "당신은 너무 과민반응하고 있어요") 바랐다. 또한 남편은 때때로 자녀의 건강 문제에 보다 노력을 기울일 필요가 있음을 아내보다 강조하지만(예: "우리 아이는 더 많은 관심이 필요해, 아이한테 좀더 신경을 써야 해요"), 이러한 말들은 너무 명령적이어서 오히려 부정적인 영향을 미칠 수도 있는 것들이었다.

그러나 이와는 대조적으로 아내들은, 남편들이 그들의 감정을 보다 솔직하게 표현하고(예: "악몽에서 깨고 싶으세요! 울고 싶은가요, 당신의 마음속 근심을 제게 보여 주세요!), 자녀 돌보는 일(일반적으로 아내들이 자녀를 돌보는 일에 더 많은 시간을 보냄)을 더 많이 거들기를 바란다. 한편 남편에 비해 아내들이 자녀로 인한 삶의 무게로부터 배우자를 보호하거나 막아 주기 위한 방법들을 더 많이 활용하고 있음은 주목할 만하다. 예를 들면 남편에 비해 아내는 앞으로 자녀의 건강이 회복될 수 있을 것임을 이야기하는 경우가 더 많다. 아내는 남편에게 다가올 미래에 일어날 수 있는 좋은 일을 생각할 기회를 줌으로써 현실의 고단함을 덜어 주려는 것이다.

한편 시간이 지날수록 정서적 지원을 받고 싶은 아내의 욕구는 채워지지 못한 채 남아 있게 되는데, 그 이유는 아내의 이러한 욕구는 자녀의 병과 관련한 일 처리가 중요하며, 그에 관한 감정 표현은 하지 않고 냉정함을 잃지 않고 행동하는 것이 중요하다는 남편의 생각과 반대되는 것이기 때문이다. 따라서 많은 아내들은 소아당뇨재단, 낭포성섬유증재단과 같은 지역의 단체를 통한 커뮤니티에서 다른 부모들과 접촉하면서 정서적 지원을 얻게 된다. 또한 어떤 아내들은 남편의 관심을 잃지 않게 하기 위해, 적어도 남편 앞에서는 일부러 애써 태연한 척하면서 자신의 감정을 숨기기도 한다고 하였다.

고틀립과 와그너(Gottlieb & Wagener, 1991)의 연구 결과에 따르면 부부간 자기노출 시 '공개의 윤리'라는 보다 큰 사회적 규범은 남편보다는 아내의 관점에 보다 적합하기 때문에, 아내들은 자신의 남편이 비협조적이라고 느낄 수 있다. 따라서 부부 관계에서, 자신들이 자기노출 행동에 있어 다소 다른 규범적인 문화적 환경에 있음을 이해하는 것은 도움이 될 것이다. 즉 남편들이 자신의 마음을 드러내려 하지 않는 것은, 남자들은 '강해야' 하고 가족 문제는 감정이 아닌 '일' 중심으로 다루어야 한다는 문화적 견해를 반영한다는 점이다.

초면인 상황에서 주도권을 행사하는 남성 – 남성이 여성보다 자기 노출을 많이 하게 되는 경우

데브라와 고든은 학교 근처에 있는 클럽에서 처음 만났다. 고든은 데브라에게 먼저 춤을 추자고 했고, 그 후에는 데브라와 그녀의 친구들이 있는 테이블에 동석하게 되었다. 데브라와 고든은 클럽이 문을 닫은 후에 간단한 식사를 위해 함께 밖으로 나가 거의 밤새도록 함께 이야기하였다. 고든은 데브라에게 자신과 가족에 관한 매우 개인적 일들을 이야기했다. 데브라는 그가 매우 빠른 속도로 자신에게 마음을 열고 이야기한다는 사실이 놀랍기도 하였다. 그러나 고든은 자신이 먼저 이야기를 꺼내야 할 것 같은 부담감이 있었고, 또한 데브라가 자신의 이야기를 듣고 그녀 자신에 관한 이야기로 응대해 주는 점이 흥미롭기도 하였다. 그날 밤 이후로 그들은 몇 번의 데이트를 했지만 서로에 대한 얘기를 첫 만남만큼 솔직하게 털어놓지는 못했다. 첫 만남 때에는 고든이 대화를 이끌고 데브라가 따랐지만, 그 이후 고든은 자신에 대해 그다지 많이 이야기하지 않았다.

남녀 간 문화적 차이에 관한 견해에 따르면 여성에 비해 남성은 대화 시 '주도권'을 잡고 '책임감'을 갖는 것을 보다 중요하게 여긴다. 그러므로 남녀 관계의 초기에는 남성들이 여성보다 단호하게 자기 주장을 하며 주도권을 잡으려는 경향이 있다. 즉 남성이 먼저 대화를 시작하고, 저녁 초대를 하고, 여성에게 데이트를 신청할 뿐만 아니라 친밀한 신체적 접촉 및 성적 관계까지도 주도해야 한다고 생각한다는 것이다(Green & Sandos, 1983; Huston & Ashmore, 1986; Peplau, Rubin & Hill, 1997). 여성보다 남성이 먼저 대화를 시작하는 것이 보다 적절한 것으로 여겨진다면, 자기노출은 남성들에게 이성과의 관계를 시작하고 발전시켜 나갈 수 있는 기회를 제공해 줄 수 있다. 한편 남성이 어떤 여성에게 매력을 느꼈다면 그 여성보다 자신에 관한 정보를 더 많이 공개하려 할 것이다. 그러나 여성은 어떤 남성에게 특별한 매력을 느꼈다고 해도 자신이 만남에서의 주도권을 잡는 것으로 생각될까 하는 염려 때문에 높은 수준의 자기노출을 시도하지는 않을 것이다.

데이비스(Davis, 1978)의 연구는 첫 만남에서 남녀 간 자기노출 행동이 어떤 차이를 보이는가를 설명한다. 그는 연구에서 남녀 대학생들에게 이성과 처음 만나는 과정에서 이야기하고 싶은 주제에 대해 순서를 바꾸어 가면서 선택하도록 하였다(대화의 주제는 낮은, 보통, 높은 수준의 친밀한 내용을 나타내도록 사전에 조작되었다). 그 결과 여성보다 남성이 친밀한 대화 주제를 선택하는 것으로 나타났다. 또한 남성은 자신의 파트너인 여성이 어떤 주제를 선택했고, 누가 먼저 주제를 선택했는지의 여부와 관계없이 여성보다 친밀한 대화 주제를 선택했다. 반면 여성들은 자신의 남성 파트너가 선택한 친밀한 대화 수준과 비슷한 수준의 대화 주제를 선택한다는 점에서, 첫 만남 시 여성들은 수동적 역할을 하는 것으로 생각될 수 있었다. 즉 남성이 첫 만남에서 자신에 대해 노출하는 정보의 친밀한 수준은, 파트너인 여성이 노출하려는 정보의 친밀한 수준뿐만 아니라 그 여성이 동성인 다른 여성 상대에게 공개하려는 정보의 친밀한 수준보다도 더 높은 것으로 나타났다.

또한 데이비스(Davis, 1978)의 연구에 의하면 남성들은 여성 파트너가 자기노출 수준을 높여 나가는 것을 즐기는 것처럼 보인다. 여성과의 첫 만남의 즐거움에 대한 남성의 평가는 파트너인 여성이 노출한 정보의 친밀한 수준과 정적인 상관관계가 있으나, 여성의 평가는 남성이 공개한 정보의 친밀한 수준과는 유의한 관계가 없는 것으로 나타났다. 여성들은 그보다는 가장 낮은 수준의 친밀한 대화 주제가 선택되는 동성과의 만남에서 즐거움을 가장 많이 얻는 것으로 확인되었다.

이후 이에 대한 추적 연구로 델레가, 윈스티드, 웡, 그리고 헌터(Derlega, Winstead, Wong & Hunter, 1985)는 첫 만남의 상황에서 자기노출자와 수신자의 모든 가능한 성별 조합을 통해 자기노출 행동을 살펴보고자 하였다. 이를 위해 남녀 성비가 동일한 8명으로 구성된 5그룹이 서로 얼굴을 익히는 짧은 기간을 통해 처음 만나 그룹 간 대화를 나누게 한 후 두 번째 기간에는 실험 참가자 각 개인별로 임시 파트너를 정하도록 하였다. 이때 실험 참가자 중 절반은 각각 남녀 동성의 파트너가 지정되었다. 그 후 실험 참가자에게 파트너에 대한 자신의 느낌과 관련된 문항에 답하게 하였고, 자기노출의 친밀함을 측정하기 위해 자신의 파트너에 대해서도 서술해 보도록 하였다.

실험 결과 처음 이성 관계가 발전하는 단계에서는, 이를 주도하기 위해 남성이 여성보다 자기노출을 더 많이 할 것이라는 예측과 일치하는 결과를 확인할 수 있었다. 남성은 이성과의 관계 시 여성보다 더 친밀한 내용을 공개했다. 또한 여성과 파트너가 된 남성은 동성끼리 파트너가 된 남성이나 여성보다 더 친밀한 수준의 자기노출을 하는 것으로 나타났다. 한편 여성 참가자들의 자기노출의 친밀도는 여성이나 남성 파트너 모두에 대해 매우 유사한 수준을 보였다.

데이비스(Davis, 1978)와 델레가 등(Derlega et al., 1985)의 이러한 연구 결과는 성별에 따른 자기노출 행동 유형을 이해할 때 사회적 상황이 중요함을 나타낸다(Huston & Ashmore, 1986). 남성이 주도권을 잡는 것에 부여되는 가치는 그들의 자기노출에 대한 의사결정에 영향을 미칠 것이다. 남성은 관계를 계속 발전시키고 싶은 여성에게 친밀한 내용을 노출할 때 여성보다 제약을 덜 받게 될 것이다. 남성들은 여성 파트너와의 관계를 발전시키기 위해 먼저 자기노출을 할 수 있는데, 이는 이성 간 관계에서는 남성이 보다 적극적이어야 한다는 전통적인 문화적 견해를 반영하는 것이다. 이에 반해 여성들은 자신들이 관계의 처음 주도자가 된다고 여겨지는 것에 대한 불안을 갖고 있다(Abbey, 1982). 심지어 매력적이라고 느껴지는 남성이 있어도 자신이 먼저 적극적으로 나서지 않고 남성 쪽에서 관계를 발전시킬 수 있는 적절한 수준의 친밀한 대화를 먼저 건네주기를 바란다.*

자기노출에서 성별에 따른 차이를 설명하는 메커니즘

왜 여성은 자신의 감정과 느낌을 표현하고 싶어 하는 반면, 남성은 자신의 느낌을 공개하기를 꺼리는가? 우리는 이제 성별이 자기노출 행동에 있어 차이를 유발하는 메커니즘을 다음과 같이 제시하고자 한다.

(1) 성별에 따른 문화적 차이로 인해 자기노출에 부여되는 가치의 차이 : 여성들은 남성들보다 친구 또는 자신과 관계가 있는 사람들에게 자신의 느낌이나 걱정거리를 털어놓는 것에 더 큰 가치를 두고 있다.

(2) 적절한 자기노출에 대한 성별과 관련된 사회적 규범의 차이(누구에게 말할 것인가, 적절한 대화 주제는 무엇인가, 어느 수준까지 친밀한 내용을 말할 것인가를 포함하는 내용).

(3) 자기노출에 있어 성별 차이에 대한 기대 : 사람들은 남성들이 여성에 비해 자신의 느낌을 잘 말하려 하지 않으며, 말한다 해도 불편함을 느낀다고 생각할 것이다. 때문에 사람들은 남성들과는 꺼려지는 개인적 내용에 대해 잘 말하려 하지 않을 것이

---

* 이 부분은 자기노출에 있어 남성이 여성을 능가할 수도 있는 하나의 상황(남성이 첫 만남에서 여성에게 끌리는 상황)을 제시한 것이다. 그러나 딘디아와 알렌의 최근 메타분석 결과에 따르면 일반적으로 낯선 사람에 대한 자기노출은 남성과 여성 간 차이를 보이지 않는 것으로 나타났으며, 실증 데이터는 남성에 비해 여성이 낯선 사람에게 더 많은 자기노출을 하고 있음을 보여 주었다(K. Dindia, 사적 관계, 1991년 9월 24일).

며, 이런 이유로 남성들은 자기 자신에 관한 친밀한 내용을 말할 기회가 줄어들게 되는 것이다.

성별에 따른 문화적 차이로 인해 자기노출에 부여되는 가치의 차이

성별에 따라 자기노출이 다른 이유의 하나로 유년 시절, 청소년 시절부터 여성들은 남성들보다 친밀한 내용의 대화를 즐긴다는 사실을 생각해 볼 수 있다. 청소년기의 우정에 대해 일련의 연구를 한 유니스와 스몰라(Youniss & Smollar, 1985)에 의하면, 청소년기에 있는 남녀 학생 모두는 성별에 관계없이 자신의 또래 친구와 함께할 수 있고 부모님의 감시로부터 떨어질 수 있는 활동들, 즉 친구와 함께 영화 보기, 쇼핑몰 가기, 파티 가기, 돌아다니고 드라이브하는 것과 같은 활동들을 좋아한다. 그러나 남녀 간 가장 큰 차이는 여학생이 남학생보다 또래 동성 친구들과 함께 이야기하는 것을 더 좋아한다는 것이다. 한편 남학생은 여학생에 비해 동성 친구들과 '오락이나 스포츠 활동'(예: 자전거 타기, 카드놀이), 그리고 약물, 알코올과 관련된 활동(예: 마약과 술 마시기) 등을 더욱 좋아하는 것으로 나타났다. 유니스와 스몰라(Youniss & Smollar, 1985)는 청소년들에게 가까운 동성 친구와 일반적으로 나누는 대화 주제에 관해 질문하였는데, 그 결과 역시 앞의 결과와 유사함을 확인할 수 있었다. 즉 여학생들은 남학생보다 친밀한 대화 주제와 관련된 내용(예: "우리는 자신의 성장 과정에 대해서 이야기해요", "우리는 자신의 가족 문제에 대해 서로 이야기하죠" 등)을 친구와 더 많이 이야기하는 것으로 나타났다. 반면에 남학생들은 여학생보다 친밀하지 않은 대화 주제(예: 학교 또는 성적 문제)에 대해 더 많이 이야기하는 것으로 나타났다.

유니스와 스몰라(Youniss and Smollar, 1985)의 연구에 참여한 대부분의 여학생은(약 66%) 개인적으로 친하고 자신에게 도움의 말을 해 줄 수 있는 가까운 동성 친구가 있다고 대답하였으나, 남학생의 경우는 그렇다고 응답한 비율이 전체의 절반도 되지 않았다. 실제로 30%의 남학생은 개인적 문제에 대해 이야기하는 친구가 없다고 했으며, 역시 같은 비율의 남학생들은 심지어 자신의 진실한 감정을 자신의 동성 친구에게 말하고 싶지 않다고 하였다.

유니스와 스몰라(Youniss & Smollar, 1985)의 이러한 연구 결과를 보면, 특히 여학생은 남학생에 비해 동성 간의 자기노출에 더 큰 비중을 두고 있음을 알 수 있다. 반면 많은 남학생들은 동성 간의 관계에서 자신에 관한 친밀한 내용의 정보 노출을 꺼리는 것으로 나타났다. 이러한 청소년기를 보낸 남성들은 결과적으로 어른이 되어서도 친밀한 내용을 터놓고 이야기하지 않으면서 대인관계 문제를 해결하려 하게 된다. 아마도 동성 간의 관계에서 조심스럽고 방어적이었던 청소년기의 경험으로 인해 많은 남성들은 자신의 마음을 털어놓는 것이 유익한 경우에도(예: 대인관계의 문제 해결, 또는 스트레스가 되는 사건을 해결할 수 있는 도움을 얻기) 조심스러워지는 것이다.

이러한 연구 결과는 남성과 여성은 자기노출 행동에 각기 다른 가치를 갖고 있음을 나타내는 것이다. 이러한 추론은 적절한 자기노출에 대한 생각까지 확장될 수 있다. 즉 남성과 여성이 적절한 자기노출 시기가 언제인가에 대해 다른 견해를 갖고 있다면, 그들은 서로 다른 기준에 의해 자기노출을 판단하게 될 것이다.

적절한 자기노출에 대한 성별과 관련된 사회적 규범의 차이

남성의 역할에 대한 문화적 기대로 인해(남성은 '여성스러운' 모든 것을 피해야만 한다는 선고를 포함), 남성들은 여성들보다 자기노출이 초래할 수 있는 부정적 결과에 대해 더 많은 걱정을 할 수 있다(Petronio & Martin, 1986; Thompson & Pleck, 1987). 남자다운 역할(강하고, 자신감 있어 보이기, 출세와 성공하기, '여자 같은 자질'을 보이지 않기와 같은 것을 포함)에 대한 전통적 생각을 받아들인 남성이 자신에 관한 위험스러운 개인 정보를 노출했다면 자신이 다른 사람들로부터 배척되거나 비웃음을 살까 염려하게 될 것이며, 또한 자신을 '제 역할을 못한' 사람이라고 생각하게 될 것이다. 델레가와 차이킨(Derlega & Chaikin, 1976)은 이러한 견해를 지지하면서, 정신적 질환에 대한 귀인은 자기노출이 성별에 따른 적절한 성-고정관념적 행동 양식에 얼마나 부합하는지 또는 벗어났는지 하는 것에 근거한다고 하였다. 그들의 실험에 참가한 남성과 여성 모두는 실험 상황에서 실험 자극을 위해 등장시킨 남성이 자신의 문제를 다른 사람에게 털어놓지 못했을 때, 그를 심리적으로 더 잘 적응하고 있는 사람이라고 평가하였다. 그러나 실험 상황에서 실험자극으로 여성이 등장한 경우에는 자기노출을 하지 않았을 때보다 노출을 했을 때 더 잘 적응하고 있는 사람으로 평가하였다(Cheluni, 1976; Snell, 1986; Snell, Miller & Belk, 1988).

또한 남성은 성인이 되면서 직장에서 자신의 불확실성, 불안감, 걱정과 관련된 '부정적' 감정을 표출하는 것이 부적절한 것임을 배우게 된다. 남성들은 직장에서 자신의 감정을 드러내면 약하고 자제력을 잃었다는 표시로 비쳐지기 때문에 확신에 찬 자신감 있는 태도로 행동할 것을 요구받는다(Weiss, 1985, 1990). 사회학자 로버트 위스(Robet Weiss, 1985)는 사회적으로 성공한 남성들은 자신의 일과 생각에 대해 아내와 대화하는 데 문제가 있음을 지적하면서, 직장에서 자신의 감정을 억제할 것을 요구하는 것이 남성들로 하여금 가정에서 자신의 마음을 털어놓는 것을 얼마나 힘들게 만드는가에 대해 다음처럼 언급하였다.

> 직장에서는 다른 사람에게는 물론 심지어 스스로에게까지 자신의 약한 마음을 숨기는 것이 바람직한 것으로 여겨진다. 자신의 아내에게 감정적으로 잘 반응하지 못하는 것처럼 보이는 남성들도 사실은 강렬한, 그것이 갈등의 경우라면 더욱 강렬한 감정을 느끼고 있다. 그러나 그들은 자신의 심란한 감정을 억눌러야 한다고 교육받아 온 것이다(Weiss, 1985, p.57).

자신이 화가 난 것을 표현하는 것은 남성들이 자신의 감정을 표현해서는 안 된다는 규칙에서 예외가 될 수 있다. 자신의 분노를 일정 부분 표출하는 것은 상대방을 위협할 수 있는 좋은 전략일 뿐만 아니라 억눌렀던 감정을 표출하는 데도 기여한다. 관리직 또는 사업과 관련한 일을 하고 있는 중년 남성을 대상으로 한 위스(Weiss, 1985)의 연구 결과, 화를 내는 것이 정당화될 수 있는 상황에서 화를 내는 것은 남성에 있어 수용 가능한 것으로 여겨지는 유일한 감정 표현임이 밝혀졌다.

자기노출에 있어 성별 차이에 대한 기대

남성과 여성의 개인적 특성(예 : 자기노출에 얼마나 가치를 두는가), 그리고 성별에 따른 '적절한' 자기노출 행동에 대한 규범은 자기노출 행동에 영향을 미칠 것이다. 그러나 남성과 여성의 자기노출에 대한 사람들의 기대는 다른 사람에 대한 행동에 영향을 미칠 것이며, 또한 그 결과 이러한 믿음(심지어 그것들이 잘못되었다고 해도)은 다른 사람의 행동에 의해 확증될 것이다(Deaux & Majou, 1987; Merton, 1948; Snyder, Tanke & Berscheid, 1977). 예를 들면 여성은 남성보다 친밀한 내용의 대화를 더 즐길 것이고, 자신의 감정을 더 잘 노출하며, 다른 사람이 자신에 관한 정보를 노출할 때 보다 관심과 이해하는 마음을 보일 것이라고 생각할 것이다(Derlega et al., 1985). 남성들은 '자기노출에 덜 관심이 있을 것'이라는 성별과 관련된 이러한 생각들로 인해, 사람들은 남성보다 여성에게 자신에 관한 친밀한 내용을 더욱 이야기하려 할 것이고, 이를 듣게 되는 여성 역시 자신에 관한 친밀한 내용을 교환하게 될 것이다. 이와는 대조적으로 사람들은 남성들이 친밀한 내용을 이야기하는 것에 대해 보다 당혹해 하고 당황해 한다고 생각하기 때문에 남성들과 이러한 친밀한 내용을 대화 주제로 삼는 것을 피하려 할 것이고, 이런 영향으로 남성들 스스로도 자신에 대해 공개를 꺼리게 될 것이다.

소아암을 앓고 있는 자녀를 둔 부모를 대상으로 한 체슬러와 바바린(Chesler & Barbarin, 1984)의 연구 결과는 남성의 역할에 대한 성별과 관련된 기대가 남성들 자신의 감정을 표현하고, 주변 사람들로부터 심리적 지원을 받도록 하는 데 얼마나 방해가 되는가를 보여 주고 있다. 심각한 병을 앓고 있는 자녀를 둔 부모들은 종종 자신들에게 정서적 지원을 제공해 줄 곳이나 모든 것을 털어 놓을 절친한 관계에 있는 친구나 가족이 있다고 대답했는데, 이런 부부 중 아내가 남편보다 도움받을 친밀한 사람을 알고 있다고 응답한 비율이 높았다. 응답자 중 주위로부터 도움을 받으려 할 때 느끼는 어려움을 털어놓은 한 남편의 말을 살펴보자.

> 저는 어느 하나라도 저와 비슷한 제 입장에 처해 있는 사람이 있다면, 그 사람에게 어떻게 어려움을 극복하고 있는지 물어보고 싶다는 생각을 해요. 그런데 저는 제게 그런 질문을 하는 사람을 보지 못했어요. 단지 몇몇의 사람만이 제게 어떻게 지내는지 안부 정도를 물어볼 뿐이에요. 제 아내는 많은 친구들과 우리가 겪는 어려움에 대해 얘기할 수 있다고

> 생각해요. 그러나 제게 그런 친구는 단지 몇 명일 뿐이에요. 제가 무언가 바라는 것이 있다면 그건 바로 그런 친구들이 더 많이 있었으면 하는 것이죠. 아마도 그러한 일이 가능하도록 제가 할 수 있는 일들이 있었을 거예요(pp.126-127).

체슬러와 바바린(Chesler & Barbarin, 1984)의 연구에 제시된 남성들은 특히 아버지에게 감정적인 문제에 관한 이야기를 꺼내는 것을 조심스러워하는 것으로 보이는데, 이는 부분적으로 아버지들이 자기노출이나 조언을 해 주는 것, 또는 공감하는 마음으로 그들의 이야기를 들어 주는 것을 불편해 할 것이라는 믿음에 기인하는 것이다. 한 남성은 다음과 같이 말했다.

> 저는 아버지에게 일어나고 있는 일들에 대한 아버지의 생각과 느낌을 듣고 많은 이야기를 나누고 싶어요. 그러나 저는 아버지가 이러한 일을 저와 함께 이야기하는 것을 편하게 여기시진 않을 거라고 생각해요. 저는 이 짐은 어쩔 수 없다고 생각하고요(pp.127).

체슬러와 바바린(Chesler & Barbarin, 1984)의 연구에서 강한 남성, 자신의 감정을 드러내려 하지 않는 남성의 이미지로 인해 어머니보다 아버지에게 정서적 지원을 제공하는 것이 더욱 어렵게 된다. 남녀가 각각 다르게 인식된다면, 그것은 다른 사람들이 그들에게 어떻게 행동해야 하는가, 또한 그에 따라 남성과 여성은 어떻게 반응해야 하는가에 영향을 미칠 것이다(앞에 언급된 Gottilieb & Wagenr, 1991 연구 참고). 그러나 자기노출에 대한 성별 관련 기대를 확정하는 정도는 여성에 비해 남성이 어느 정도 자기노출을 할 수 있는가를 판단하는 정보 노출자의 자기인식에 따른 것일 수도 있다. 예를 들면 가슴 아픈 이혼 소송을 진행 중인 남성은 남자라면 자신의 감정을 드러내지 말고, 감정의 노출로 마음의 위안을 받는 일은 없어야 한다고 생각할 것이다. 이러한 남성은 자신의 말을 들어 줄 상대를 찾는 노력을 거의 하지 않을 것이다. 그는 불안감과 같은 자신의 어려운 심정을 털어놓는 것을 불편하게 생각할 것이다. 그의 그런 불편감은 다시 그의 이야기를 듣는 사람마저도 불편하게 만들 것이다. 이렇듯 자기노출자의 역할에 대해 남성과 여성 스스로에 의해 만들어진 기대는 그들이 얼마나 많은 자기노출을 하는가에 영향을 줄 것이다.*

---

* 사실상 남성이 여성보다 친밀한 자기노출을 덜 한다는 실증적 자료는 거의 없다. 예를 들어 레스, 센차크, 솔로먼(Reis, Senchak & Soloman, 1985)은 여성과 남성이 자신의 가장 친한 동성 친구와 '의미 있는' 대화를 하려는 상호작용 과정을 비디오테이프로 녹화하였다. 녹화된 비디오테이프를 판단자들에게 보여 주며 대화 내용의 친밀함 정도를 '개인적 생각과 느낌의 노출', '주제의 친밀감', 그리고 '대화의 전반적인 친밀감'과 같은 차원으로 평가하도록 하였다. 그 결과 판단자들에 의해 도출된 전반적 친밀감 지수를 통해 대화의 친밀감에 있어 성별 차이를 발견하지 못하였다. 델레가, 윈스티드, 웡, 그린스팬(Derlega, Winstead, Wong & Greenspan, 1987)에 의한 연구에서도 이와 비슷한 연구결과가 보고되었다.

자기노출과 서로 간의 관계에서 발생하는 문제를 성공적으로 대처하는 데 성별이 미치는 영향

상이한 문화적 지향은 판단과 이에 따른 행동에 영향을 미치기 때문에 가까운 관계를 원만하게 유지한다는 것은 쉽지 않은 일이 될 것이다. 이와 관련해 여기에서는 자기노출에서 나타나는 성별의 차이가 서로의 관계에서 발생하는 문제의 성공적 해결에 어떻게 영향을 미치는지를 살펴볼 것이다. 일반적으로 성별에 따라 자기노출 의도가 다르다면, 성별과 관련된 자기노출의 유형이 관계 만족에 어떠한 영향을 미치는가? 이에 관한 연구 결과는 남성과 여성 모두에서, 자신의 감정과 주변 환경에 대한 노출 정도—일반적으로 지필 방식의 자기노출 척도에 의해 측정된 것(예 : Jourard, 1971a; Miller, Berg & Archer, 1983; Taylor & Altman, 1966a, 1966b)—는 친구, 연인, 그리고 부부 관계에서의 만족 수준과 상관관계가 있음을 나타내고 있다(Hendrick, 1981; Hendrick, Hendrick & Adler, 1988; Jones, 1991). 그러므로 개인적인 일들과 느낌을 노출할 수 있는 능력은 성공적인 관계에 중요한 역할을 한다(Derlega & Margulis, 1982; Jones, 1991).

그러나 서로 간의 관계에서 스트레스나 갈등을 겪게 되면, 사람들은 그 관계에 대한 자신의 느낌을 이야기할 때 성별에 따라 정형화된 커뮤니케이션 방법에 의존하게 된다(예 : 여성은 자신의 부정적 느낌을 털어놓지만, 남성은 털어놓기를 꺼린다). 또한 그러한 행동은 서로 간에 오해를 낳고 관계에 대한 불만족을 느끼게 하는 요소로 작용한다. 서로의 관계 문제를 말하는 것에 어려움을 겪고 있는 한 커플의 예를 살펴보자.

> 남편은 거실에 앉아 있다. 텔레비전에서는 톰 브로코의 뉴스가 방송되고 있고, 남편은 신문 스포츠 면을 읽고 있다. 아이들은 거실 옆방에서 조용히 놀고 있다. 그때 외출했던 아내가 돌아와 놀고 있는 아이들을 살펴보기 위해 아이들 방으로 갔다가 옷을 갈아입기 위해 위층으로 올라간다. 10분쯤 후 그녀는 아래층으로 내려와 남편에게 다가가 "우리는 정말 대화가 필요해요"라고 말하지만 남편은 묵묵부답이다. 아내는 "해리, 우리는 정말 대화할 필요가 있다고 제가 말했잖아요"(좀더 단호하고, 다소 부정적으로)라고 다시 말한다. 남편은 "무슨 얘기요, 당신은 지금 나하고 얘기하고 있잖아요?"라고 말한다. 그러자 아내는 "당신은 제 말을 들으려 하지 않고, 당신 역시 말하려 하지 않잖아요"라고 말하고, 남편은 "그렇지 않아요. 나는 당신과 말하는 걸 좋아해요. 그런데 우리는 얘기는 하지 않고 지금처럼 다투기만 하잖아요"라고 말한다. 아내는 "또 그런 말을 하시는군요. 저도 더 이상은 못 참겠어요"라고 대답한다. 어느새 남편의 목에는 핏줄이 서 있고, 마침내 아내를 보고 있던 시선은 신문으로 돌아가 버린다. 그때 아이들이 소란스럽게 떠드는 소리가 들려오자 그녀는 아이들을 주의시키기 위해 옆방으로 간다(Markman & Kraft, 1989, p.51).

모든 부부는 돈, 성, 질투, 집안일에 대한 책임, 여가 시간, 양육, 시댁 및 친정 문제, 또는 서로에 대한 실망과 같은 서로 간의 관계에서 발생하게 되는 많은 문제들에 직면하게 될 것이다(Huston, McHale & Crouter, 1986). 이럴 때 아내는 자신의 불만들을 표현하나 남편이 귀담아 듣지 않는다면 문제는 악화될 것이다. 예를 들면, 코박과 하잔(Kobak & Hazan, 1991)의 연구 결과(관찰자에 의해 비판적 또는 거부적인 것으로 평가되는 언어적, 비언적 커뮤니케이션에 근거한) 문제 해결과 관련된 대화 중 아내들이 불만을 더 많이 표현할수록 남편들은 아내와의 관계에서 안정감을 덜 느끼게 되는 것으로 밝혀졌다(배우자가 편안함을 얻고 싶어 하는 자신의 욕구를 만족시키는 데 심리적으로 도움이 되지 않았다고 표현함). 한편 남편과 아내가 각각 자신의 불만, 실망 등에 대해 차례로 공개하는 과정에서는 남편이 아내의 말을 잘 경청하지 않을수록 아내는 남편과의 관계에서 안정감을 덜 느끼는 것으로 나타났다(잘 경청하지 못하는 사람의 범주에는 상대방이 말하는 도중 문제 해결책을 말함으로써 도중에 말을 방해하는 사람이 포함됨. 잘 경청하는 사람의 범주에는 말하는 사람의 어려움을 인정한다는 비언어적, 언어적 신호를 제공해 주는 사람이 포함됨).

코박과 하잔(Kobak & Hazan, 1991)의 이러한 연구 결과는 아내가 자기노출을 했을 때 어떻게 반응해야 하는지에 대해 어려움을 느끼는 남편을 이해하는 데 도움이 된다. 노출자는 자기노출 시 노출되는 내용에 대한 배우자의 반응을 기대하게 된다(Petronio, 1991). 결혼 관계의 특성상 부부들은 서로 상대방이 자신의 말을 경청하고 또 자신이 말한 것에 따라 상대방이 행동해 줄 것을 기대하게 되는 것이다. 직접적으로 요구하지 않았다고 하더라도, 어쩌면 아내의 부정적 감정 표출은 남편이 좀더 아내가 말한 내용에 반응해 달라는 요구를 전하고 있는 것이다. 남편은 이러한 아내의 기대에 대처하는 만족스러운 방법을 결정할 수 없을지도 모른다. 때문에 코박과 하잔(Kobak & Hazan, 1991) 연구에 나타난 남편들은 불만을 표출하는 아내의 요구를 충족시켜 줄 수 있는 자신의 능력 및 아내와의 관계에 대해 다소 불안감을 느끼는 것으로 나타났다.

한편 아내들은 자신의 불만을 털어놓을 때 남편들이 자신의 말을 경청하며 자신을 따뜻하게 대해 주기를 바란다. 남편이 이러한 아내의 내재적인 기대에 부응하지 못했을 때, 아내들은 남편이 결혼의 의무 또는 자신에 관한 책임을 다하지 못하고 있다고 생각하고 결혼관계에 불안감을 느끼게 된다.

그러나 코박과 하잔(Kobak & Hazan, 1991)의 이러한 연구 결과에 대해서는 다음과 같은 대안적 설명이 가능하다. 즉 남성은 여성에 비해 배우자의 자기노출을 불편해 하고 당혹스러워하는 경우가 많기 때문에, 괴로운 결혼생활을 하고 있는 남성은 아내가 불만을 말로 표현할 때 자신의 결혼이 불안정하다고 느끼게 되고, 이러한 환경이 힘겹게 느껴질 수 있다는 것이다. 이러한 견해는 자신의 배우자가 불만을 드러낼 때 남성이 여성보다 더욱 당혹해 한다는 것을 보여 주는 심리학적 연구 결과에 근거한다. 노타리우스와 존슨(Notarius & Johnson, 1982)은 결혼한 부부들을 대상으로 부부관계에 있어 중요한 문제 해결을 위한 대화에 참여하도록 하였다. 대화가 이루어지는 동안 부부 모두의 피부전도성 수준SCL(Skin Conductance Level)을 기록하였다. 그 결과 남편들이 아내의 긍정적 또는 부정적인 감정이 전혀 표현되지 않은 중립적인 감정 상태를 듣는 경우가, 아내들이 남편의 중립적 감정 상태를 듣는 경우보다 피부전도성 수준이 더 높은 것으로 나타났다. 이러한 결과는 배우자가 불만을 표출했을 때 여성보다 남성이 더 당혹스러워한다는 견해를 뒷받침해 주는 것이다.

부부관계에서 불만이 표출되었을 때 남편은 그로 인해 느끼는 불안감 때문에 아내가 말하고자 하는 것을 주의 깊게 듣고 이해하려 하지 않을 것이다. 이렇게 함으로써 남편은 결혼생활에서 자신이 져야 할 책임과 어느 정도 타협하려고 할 것이다. 그러나 이러한 결과는 부부간의 문제를 더욱 악화시킬 수 있다. 예를 들면 고트먼과 포터필드(Gottman & Porterfield, 1981)는 결혼한 부부를 대상으로, 남편과 아내 모두에게 표준화된 말들이지만 전달하는 스타일에 따라 메시지의 의미가 달라지는 내용이 녹음된 비디오테이프를 통해 커뮤니케이션할 것을 요구했다. 이때 수신자의 임무(배우자이건 낯선 사람이건)는 비디오테이프를 보고 세 가지 메시지 중 어떤 메시지를 담고 있는가를 결정하는 것이다. 이러한 실험 결과 부부간의 관계 만족도는 아내 메시지를 해석하는 남편의 능력과는 관련되어 있으나, 남편의 메시지를 해석하는 아내의 능력과는 무관한 것으로 나타났다.

남편이 아닌 다른 남성도 아내의 메시지를 어려움 없이 해석했기 때문에, 불화를 겪고 있는 남편이 메시지 내용을 잘 해석하지 못하는 것은 아내가 메시지를 잘못 전달했기 때문이 아님을 알 수 있다. 뿐만 아니라 아내가 전달하려는 메시지를 정확하게 이해하지 못하는 남편의 능력은 관계 특유적인 것임을 알 수 있었다. 왜냐하면 아내의 메시지를 잘 이해하지 못한 남편이라도 아내 이외의 다른 여성이 전달한 메시지는 어려움 없이 정확하게 이해할 수 있었기 때문이다(Gottman & Porterfield, 1981; Notarius & Pellegrini, 1987).

부부간 갈등이 있는 상황에서 아내들은 자신의 불만을 남편보다 잘 표현하는 데 반해 남편들은 자신의 감정을 마음속에 담아둘 뿐만 아니라 아내의 불만을 편치 않게 생각하고, 심지어 아내의 불만을 인식하지 못하고 있는 경우도 있다. 아내들은 자신의 말에 남편의 반응이 없는 것을 경험하게 되면 감정이 더욱 격해지고, 남편은 아내의 감정적 표현을 자제시키게 된다(예:아내에게 "이성적으로 생각해요", 또는 "침착해져요"라고 말하기). 또는 아내의 불만은 남편이 아내와 더 많은 시간을 갖는 것을 회피하게 하거나, 남편의 감정 역시 상하게 할 수 있으며, 극단적인 경우 남편은 '극단적일 만큼 감정적'으로 변해 더 이상 감정을 통제하지 못하게 될 수도 있다(Notarius & Johnson, 1982).

부부간의 관계에서 생긴 문제를 해결하려면 자신들의 관계에서 나타나는 갈등과 불만들에 맞설 수 있는 방법들을 생각해야만 한다. 의견의 불일치를 보이는 것과 서로의 나쁜 점에 대해 말하는 것이 단기적으로는 서로를 불쾌하게 하고 힘들게 하겠지만, 부부간의 갈등에 당당히 맞서 나가려는 의지(상대방의 특정 행동에 대해 불만을 표현하거나 화난 톤으로 말하는 것과 같이 의견의 차이나 비난을 표출하는 것)는 장기적으로 결혼생활에 대한 만족도를 높여 줄 것이다(Gottman & Krokoff, 1989). 갈등과 의견의 불일치를 조정하는 것에 있어서의 남녀 성별의 차이는 서로를 감정적으로 멀어지게 한다. 그러나 부부관계에 대한 만족도를 높이기 위해서는 서로가 자신의 생각과 마음을 털어놓을 수 있어서 상대로부터 이해받고 배려받고 있다고 느낄 수 있는 상황에서, 부부간의 관계에서 발생하는 문제에 대해 차근히 대화하는 법을 익혀 가야만 한다(Gottman & Krokoff, 1989; Markman & Kraft, 1989).

결론

앞에서 제시했듯이 성별과 자기노출을 이해하는 데에는 두 가지 수준이 있다. 그중 하나는 친밀한 관계에서 개인적 정보를 노출하고 이를 공유하는 것에 있어 일반적인 문화적 기대의 차이에 관한 것이다. 남성과 여성 모두는 자신에 관한 정보를 노출할 수 있기를 바란다. 그러나 남녀 간 하위문화의 차이는 동성 간 관계에서의 자기노출과 친밀한 이성과의 관계에서 나타나는 의사소통에 있어서의 오류들과 관련하여 그 차이를 명백하게 한다. 여성은 동성 또는 동료와의 관계에서 자기노출에 관한 기교를 배우게 되고, 자기노출을 통해 관계가 강화될 수 있다는 믿음을 쌓게 된다. 그러나 남성들은 경쟁과 도전을 중요시하는 동료와의 관계에서 자신의 약점을 드러내는 것을 회피하게 되고, 따라서 자기노출은 자신을 무력하게 보이게 하는 약점이라고 생각하게 된다. 그렇기 때문에 남성과 여성은 상이한 자기노출 양상을 나타낼 뿐만 아니라 노출된 정보의 목적에 대해서도 다른 해석을 내리게 된다. 성별에 따른 자기노출에 대한 연구들은, 성별에 따라 자기노출에 차이가 존재한다는 단순한 사실 규명은 물론 그 차이에 대해서도 구체적으로 검증하고 있다.

여성과 남성의 하위문화 차이에 대한 두 번째 수준에 대한 설명은 다음과 같다. 즉 다른 모든 문화적 정체성들처럼 성역할은 분명하게 누군가의 가르침을 따라 익히는 것이라기보다는 성장함에 따라 또래 친구와 주고받는 개인적인 메시지로부터 '동화되는 것'이다. 또한 다른 모든 문화적 정체성들과 마찬가지로 성역할은 문화의 영향을 받고 있는 구성원 모두가 동일하게 습득하는 것은 아니다. 어떤 여성과 남성은 그들의 성역할 정체성을 매우 강하게 습득하는 반면, 또 어떤 사람들은 그렇지 않게 된다. 아마도 전자는 가까운 관계에서 자기노출에 대해 성별이 강력한 영향을 미치게 되는 사람들이 될 것이다.

4

프라이버시 조절과 취약성

전 저의 부모님을 매우 사랑해요. 그러나 제가 대학 시절에 낙태를 했었던 사실은 그분들께 결코 말씀드릴 수 없었어요. 부모님들은 저를 항상 응원해 주셨지만 저에 대한 기대가 너무도 컸어요. 그래서 낙태 사실을 부모님께 말씀드렸다면 부모님들은 저에 대해 무척 실망하셨을 거고, 그러한 사실은 저뿐만 아니라 부모님에게도 큰 상처가 됐을 거예요 (28세의 은행인).

전 제 여자 친구와 매우 가깝다고 느껴요. 우리는 사귄 지 다섯 달쯤 됐고, 때때로 꽤 심각한 얘기를 하곤 하죠. 하지만, 몇 년 전 길 가던 일곱 살된 어린아이를 치었던 차 사고에 대해서는 그녀에게 얘기하지 못했어요. 제가 그녀와 지금의 관계가 지속되기를 원한다면, 이러한 사실에 대해서도 그녀에게 충분히 말할 수 있을 만큼 솔직해야 한다고 생각해요(23세의 대학교 4학년생).

전 제 남자 친구 마이크에게 제가 마음속 깊이 간직하고 있었던 저의 가족에 대한 얘기를 했어요. 저의 아버지는 알코올 중독자여서 최근 약물 중독 치료를 위한 환자가 되었다는 얘기였죠. 이 얘기를 들은 마이크는 이러한 비밀을 자신에게 말해 준 것으로 보아 제가 자신을 사랑하는 것이 틀림없다는 것을 알게 되었다고 제게 얘기했어요. 그러나 어이없는 사실은 더 이상 마이크를 만날 기회가 거의 없어져 버렸다는 거예요. 학교에서 마주칠 때면 그는 정말 '예의 바르게' 행동하지만, 제가 저의 아버지가 알코올 중독자라는 사실을 얘기한 이후 그와 다시는 데이트를 못했어요. 전 저의 이런 개인적 문제들을 말할 수 있는 누군가를 만날 수 있을 거라고 생각해요…. 아직은 그런 사람을 못 만났지만 말이에요…(22살의 대학생).

이상의 인용문은, 사람들이 자신의 개인적인 정보 노출을 결정했을 때 종종 경험하게 되는 취약성과 위험성을 잘 나타내고 있다. 자기노출은 자신이 어려운 시기에 사회적인 지원을 얻게 해주고, 상대방과 가까운 관계로 발전하게 함으로써 자기가치감을 높이는 데 기여할 수도 있지만, 다른 사람들에 의해 거부되거나 이용당할 수 있다는 위험 요소를 내포하고 있다. 그러므로 사람들은 대립적인 두 욕구, 즉 자신의 개인 정보를 공유하려는 욕구와 지키려는 욕구 간에 균형을 이루어야만 한다. 이 장에서는 개인이 자기노출과 프라이버시 유지 간의 균형을 이루는 방법을 설명해 줄 수 있는 프라이버시 조절 관점(Altman, 1975; Derlega & Chaikin, 1977; Petronio, 1991)에 대해 살펴볼 것이다

프라이버시 통제 메커니즘

> 아프리카계 미국인으로서 1960년대와 1970년대 테니스 스타였던 48세의 아서 애쉬는 1983년 심장 수술 중에 에이즈 바이러스에 감염되었다. 그는 자신이 에이즈에 감염된 사실을 단지 몇몇의 친구와 가족들에게만 이야기했고, 이 사실을 비밀로 해 줄 것을 당부했다. 그러나 최근에《유에스에이 투데이》의 기자가 그의 상태에 대한 정보를 입수해 이에 대한 사실 여부를 확인해 줄 것을 요청했을 때, 그는 공식적으로 자신의 입장을 표명해야만 했다. 애쉬는 "누군가 신문사에 전화를 걸어 나에 대해 밀고를 했다"고 이야기했다(Winston, 1992, p.A1).

> 스물두 살의 대학생인 세이지는 자신이 장래에 어떤 직업을 가져야 하는가에 대한 문제를 여자 친구인 요코와 의논하기를 원했다. 그러나 그는 이와 비슷한 고민을 과거 여자 친구에게 털어놨을 때 비웃음을 당한 경험이 있었기 때문에 자신의 걱정을 요코에게 털어놓기를 주저했다. 세이지는 여자 친구를 더 많이 신뢰한다고 느낄 때까지 개인적인 그 어떤 것도 말하지 않아야겠다고 생각했다.

개인적 정보나 느낌을 노출하는 것은 위험을 야기할 수도 있다. 어떤 사람이 자신에 관한 개인 정보를 알고 있다면, 그들은 이러한 정보를 자신이 모르는 사람이나 싫어하는 상대에게 누설할 수도 있다. 따라서 자기노출자는 노출 이후에 다른 사람들이 자신을 회피하거나 좋아하지 않게 됨을 경험할 수 있다. 또한 관계를 보다 강화시킬 생각으로 자신의 개인 정보를 노출한 사람은 이야기를 들은 상대방이 오히려 자신의 친밀해지려는 노력에 무관심하거나 심지어 비웃는 경우도 경험할 수 있다.

영국의 사회 심리학자인 피터 켈빈(Peter Kelvin, 1977)은 자기노출에 따른 위험을 잘 지적하고 있다. 그는 "프라이버시의 노출은 개인 행동에 근간이 되는 원인과 동기를 드러내는 일이다. 이것은 잠재적으로는 노출된 정보의 수신자가 정보 노출자에 대해 힘을 행사할 수 있게 하며, 이러한 이유로 자기노출은 정보 노출자가 이용당할 수 있는 취약함에 노출되게 한다"(p.15)고 하였다. 개인은 누군가가 자신에 관한 정보를 알게 될지 모른다는 두려움 때문에 개인 정보를 유지하려 할 것이다. 따라서 자기노출은 다른 사람들에게 노출되는 정보가 안전한가에 대한 지각에 의존하게 된다.

자기노출에 대한 프라이버시 조절 모델에서, 프라이버시는 서로 교환되는 정보의 양과 종류에 대한 통제를 나타낸다. 만일 다른 사람에게 자신에 관해 노출하는 정보의 양을 자발적으로 선택할 수 있다면 프라이버시는 유지된다. 그러나 공개할 개인 정보의 양과 다른 사람들에게 정보를 퍼뜨리는 것에 대한 통제권을 나 자신이 아닌 다른 사람이 가지고 있다면 낮은 수준의 프라이버시가 존재할 수밖에 없다(Altman, Vinsel & Bown, 1981; Burgoon et al., 1989; Derlega & Chaikin, 1977; Petronio, 1991).

'영역'의 노출과 폐쇄에서처럼 자기노출에 있어 투입과 산출의 조정이라는 문제를 고려해 보는 것은 유용한 일이다. 올트먼(Altman, 1975)은 이에 대해 다음과 같이 설명하고 있다.

> 프라이버시는 개인 또는 그룹이 다른 사람과의 상호작용을 조절하는 데에 사용하는 대인관계상의 영역을 결정 짓는 과정으로 이해할 수 있다. 자신을 타인에게 노출하는 정도를 변경시킴으로써 가설적인 개인 영역은 다른 사람과의 사회적 상호작용을 더 수용할 수 있게 된다. 그러므로 프라이버시는 자기 영역에 대한 개인이나 집단의 선택적 통제를 포함하는 역동적인 과정이다.(p.6)

자기노출은 영역 조절 과정에 영향을 미친다. 즉 자기노출의 조정은 영역 조절의 한 예이며, 교환되는 정보에 대해 더 많은 통제가 가능할수록 사회적 관계에서 더 많이 프라이버시를 지킬 수 있게 된다.

자기노출의 조정이 영역 조절의 한 형태를 나타내기는 하지만, 〈그림 4-1〉에서 제시된 자기노출과 관련된 두 영역을 생각해 보는 것도 유용할 것이다(Derlega & Chaikin, 1977). 그중 한 영역은 쌍방향 영역이다. 이는 특정한 노출 상대에게 정보를 노출하는 것이 안전하며, 노출된 내용은 유출되지 않을 것이라 지각되는 영역이다. 따라서 자기노출자는 그 정보 수용자에게 한 자기노출이 안전한 것으로 생각하게 된다. 예를 들어 상대방이 비밀을

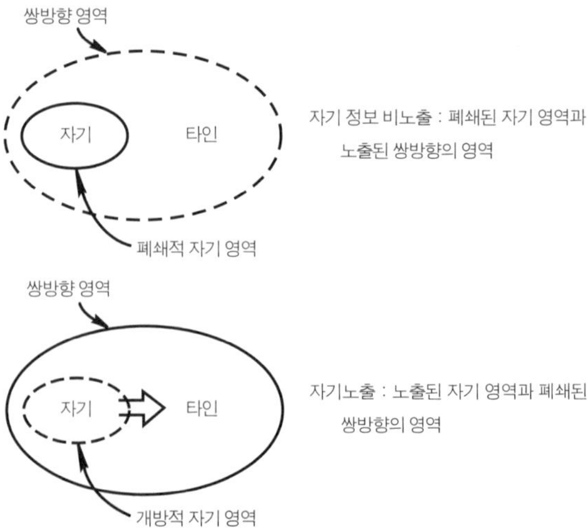

〈그림 4-1〉 자기와 쌍방향 영역 조절에 따른 자기노출

자료 출처 : Derlega and A. L. Chaikin(1977), "Privacy and Self-Disclosure in Social Relationship", *Journal of Social Issues*, 33(3), p.105.

지켜 줄 것이라는 기대는 우리가 친구에게 노출한 개인 정보가 상호 간의 동의 없이는 유포되지 않은 것이라고 생각하는 닫힌 쌍방향 영역의 한 예가 된다. 쌍방향 영역은 정보 수용자가 비밀을 지켜 주어야 할 자신의 개인적 정보를 다른 사람에게 공개할 것이라고 예상되면, 다른 사람들에게도 노출된 것으로 지각한다.* 또 다른 영역인 자기 영역은 자기노출자 및 자기노출자

* 두 가지 가능한 프라이버시 위배가 공개된 쌍방향 영역에 의해 제시되었다. 즉, 프라이버시 침해(예 : 비밀로 공개했던 정보를 정보 수신자가 다른 사람에게 발설한다)와 프라이버시 침입(예 : 누군가가 사적인 대화로 추측되는 대화를 허락 없이 듣는다)이다.

의 정보를 정보 수용자와 구분한다. 폐쇄된 자기 영역은 자신에 관한 정보가 다른 사람에게 노출되지 않고 비밀로 지켜지는 것을 의미하며, 노출된 자기 영역은 정보가 다른 사람에게 공개됨으로써 공유되는 것을 의미한다.

각 개인은 자기 영역의 노출(자기노출) 또는 폐쇄(자기 정보 비노출) 정도를 조절하게 된다. 이때 자기노출(또는 자기 영역의 노출)에 대한 결정은 개인이 지각하는 위험 정도에 의존한다. 이러한 견해와 관련하여 켈빈(Kelvin, 1977)은 개인의 위험 수용 정도가 개인 정보 노출 여부에 영향을 미치게 됨을 제시하였다. 즉 위험 수준이 수용 가능하다면 자기 영역을 노출하도록 조절할 것이지만, 만일 그렇지 않다면 자기 영역을 폐쇄할 것이며 자기 정보는 노출하지 않게 된다는 것이다.

이러한 개인의 위험 수용 정도에 대한 평가에는 많은 요인이 간여한다. 예를 들면 로린스(Rawlins, 1983)는 정보 수용자에 대한 신뢰 정도가 위험도를 평가하는 한 방법이라고 하였다. 한편 지각된 위험의 수준은 자기 영역과 쌍방향 영역이 통제되는 정도에 따라 다양한 수준으로 나타날 수 있다. 또한 다음의 내용에서 설명할 개인 차 역시 자기노출과 관련된 지각되는 위험도에 영향을 미치는 요인이다.

개인적 정보 노출과 관련된 지각된 위험에 대한 개인 차

> 회계법인 사무실 매니저인 김은 동료들 중에는 자신에 관한 개인적인 이야기를 털어놓을 만큼 신뢰할 수 있는 사람이 없

다고 생각한다. 그녀는 자신의 직장 직원들은 남의 뒷얘기를 너무 많이 하곤 해서 자신이 다른 직원을 비판하는 이야기를 한다면 그 직원은 쉽게 상처받게 될 것이라고 생각한다. 그러나 직장 밖에서 김은 자신의 모든 것을 털어놓을 수 있는 친한 친구 두 명이 있다. 김이 그 친구들을 신뢰할 수 있는 이유는, 그 친구들은 자신의 비밀을 지켜 주며, 또한 비록 그 친구들을 비판하는 내용이라고 하더라도 김이 마음속에 담아두고 있던 이야기를 하면 화내지 않고 받아 줄 수 있다고 생각하기 때문이다.

로린스(Rawlins, 1983)는 켈빈(Kelvin, 1977)이 제시한 위험 수용 정도의 개념을 확장하여, 사람들이 개인적 정보의 노출과 비노출 간의 균형을 맞춤으로써 자신과 쌍방향의 영역을 조절하게 되는 다음의 네 가지 상황을 제안하였다. 이러한 네 가지 상황은 정보 수용자에 대한 신뢰와 자기노출자의 정보 노출에 대한 욕구 수준에 따라 구분된다. 특히 로린스는 다른 사람의 행동에 대한 신뢰를 매우 중요한 요인으로 지적하고 있다. 따라서 자신의 속마음을 털어놓고 싶은 자기노출 욕구 수준이 높으며 상대방에 대한 신뢰 수준도 높을 때, 사람들은 지각된 위험을 감수하려는 경향이 있다는 것이다. 그러나 비록 자기노출에 대한 욕구 수준이 높다고 하더라도 정보 수용자가 분별 있게 행동할 것이라는 신뢰 수준이 낮다면 사람들은 자신의 자기노출이 바람직한가를 판단하게 된다. 한편 자기노출 욕구 수준이 낮고 상대방에 대한 신뢰 수준이 높을 때에는 상대방과의 관계를 증진시키기 위해 자기노출을 하게 된다. 마지막으로, 자기노출에 대한 욕구와 정보 수용자에 대한 신뢰가 모두 낮은 경우에는 자신에 관한 정보 노출을 꺼리게 된다.

또한 사람들은 상대방에게 자신에 관한 어떤 정보라도 제공함으로써 솔직해지고 싶은 마음과 자기노출을 어느 정도 제한하고 싶은 마음 간의 딜레마를 갖고 있는데, 이러한 딜레마를 반영하고 있는 이른바 '정직의 가능성'이 자기노출을 결정하는 데 영향을 미치게 된다(Rawlins, 1983). 관계와 관련된 문제들에 대한 자신의 '진실한' 느낌을 솔직하게 표현하고 싶은 욕구가 높으며, 어떤 주제를 논의하는 데 있어서의 제약이 그리 중요하지 않다고 생각(자신이 어떤 내용을 이야기해도 다른 사람들이 당황하지 않는다는 것을 의미)할 때 사람들은 정직해질 것이다. 그러나 이와는 반대로 솔직해지고 싶은 욕구가 낮고, 자신이 공개할 내용에 대해 높은 수준의 제약이 적절하다고 생각한다면 사람들은 덜 정직해질 것이다.

사람들은 자신의 자기노출에 따른 위험 정도를 지금까지 설명한 위험에 대한 수용 정도와 정직의 가능성과 관련된 딜레마를 이용해 평가한다. 이에 따라 위험이 높다고 지각될수록 자기노출의 영역은 더욱 엄격하게 통제된다. 그러나 로린스와 켈빈의 연구에서도 제시되고 있듯이, 개인적 정보를 공개함으로써 다른 사람으로부터 거부되거나 이용당할 수 있다고 느끼는 위험에 대한 염려 수준은 개인에 따라 차이를 보인다. 예를 들어 아래 설문지는 '친밀감과 관련한 위험의 지각 정도'에 대한 개인 차를 측정하는 것이다(Pilkington & Richardson, 1988). 설문의 항목들은 상처받을 수 있다는 두려움, 또는 개인적 정보를 노출하는 것에 대한 망설임과 같이 누군가와 가까워지는 것과 관련해 지각할 수 있는 위험들에 초점을 맞추고 있다. 설문 결과 점수가 높은 사람일수록 가까운 친구의 수는 적고, 현재 연인과 관계에 대한 몰입도가 낮을 가능성이 크며, 다른 사람에 대한 신뢰 수준도 낮고, 또한 신뢰한다고 생각하는 사람이라고 해도 그 사람에게 비밀을 털어놓을 때에는 자신이 난처하게 될 것에 대한 두려움을 가지고 있는 사람이라는 것을 나타낸다 (Pilkington & Richardson, 1988).

설문 : 친밀감과 관련한 위험 지각의 개인 차 측정

설문지를 완성하기 위해 다음 각 문항에 대해 자신이 동의하는 정도를 표시하도록 한다. 평가를 위해서는 전혀 동의하지 않음(1), 동의하지 않음(2), 약간 동의하지 않음(3), 약간 동의함(4), 동의함(5), 적극 동의(6)의 6점 척도를 사용한다.

__ 1. 사람들과 진정으로 가까워지는 것은 위험한 일이다.
__ 2. 나는 사람들이 나와 일정한 거리를 유지해 주는 것이 좋다.
__ 3. 나는 내가 상처받을 수 있다고 생각하기 때문에 누군가와 진실로 가까워지는 것이 두렵다.
__ 4. 기껏해야 나는 한 번에 한 명 또는 두 명의 친구만을 사귈 수 있을 뿐이다.
__ 5. 나는 다른 사람을 신뢰하기 어렵다는 것을 알았다.
__ 6. 나는 친밀해지는 것을 피한다.
__ 7. 다른 사람과 가까워지는 것은 나를 두렵게 한다.

__ 8. 다른 사람과 가까워지는 것은 나를 두렵게 한다.
__ 9. 나는 내 자신에 대한 사적인 정보를 다른 사람과 공유하기를 주저한다.
__ 10. 다른 사람과 가까워지는 것은 위험한 일이다.
__ 11. 다른 사람과의 관계에서 고려해야 할 가장 중요한 것은 내가 상처받게 될지의 여부이다.

이제 각각의 문항에 주어진 점수를 모두 더한다. 점수가 높을수록 친밀함에 대한 위험의 지각 정도가 높은 것을 의미한다.

자료 출처:Pilkington & D.R.Richardson(1988), "Perceptions of Risk in Intimacy", *Journal of Social and Personal Relationships*, 5. p.505.

하잔과 쉐이버(Hazan & Shaver, 1987)의 연구 결과는 유년 시절 부모와의 상호작용 경험이 대인관계 시 상대방에게 자기노출을 하고자 하는 의도뿐만 아니라 친밀한 관계에 대한 두려움에도 영향을 미칠 수 있음을 보여 주고 있다. 하잔과 쉐이버는 성인들을 유년 시절에 형성된 관계에 대한 기대를 바탕으로 안정적 성향의 집단, 회피적 성향의 집단, 불안/양면적 성향의 세 집단으로 구분하였다. 만일 부모들이 자녀들의 요구에 민감하고 이를 주의 깊고 세심하게 들어 준다면 그 자녀들은 관계를 안전하고 안정된 것을 보게 되는 '정신적 모델'을 발달시키게 될 것이다. 그러나 부모들이 자녀들의 요구에 무관심하게 반응하면 그 자녀들은 신뢰가 결여되고 친밀함에 대해 두려움을 느끼는 관계 모델을 발달시키게 될 것이다. 또한 부모들이 자녀의 요구를 제대로 충족시켜 주지 못한다면 그 자녀들은 자신의 상대방과 가까워지는 것과 그 상대를 잃게 될 수 있을 것이라는 생각 사이에 갈등을 하면서 관계가 불안의 근원이 되는 관계 모델을 발전시킬 것이다(Ainsworth, Blehar, Waters & Wall, 1978; Bowlby, 1969; Hazan & Shaver, 1987; Shaver, Hazan & Bradshaw, 1988). 이러한 유년 시절의 애착 경험은 성인이 되었을 때의 기본적인 성격 성향을 결정하게 될 뿐만 아니라 개인이 어떻게 상대방과 유대 관계 및 친밀한 관계를 형성하게 되는가에도 영향을 미치게 된다. 예를 들면 안정된 상태로 사랑받으며 성장한 사람은 '다른 사람과 가까워지는 것은 쉬운 것'이라고 생각하며, '다른 사람들에게 의존하고, 또 그들이 자신에게 의존하는 것이 편안하다'고 생각한다. 한편 회피적 성향의 사람들은 자신이 '다른 사람과 가까워지는 것은 불편한 것'으로 생각하며, 다른 사람들을 신뢰하고 믿는 데 어려움을 겪게 된다. 또한 불안/양면적 성향의 사람은 '다른 사람들은 내가 원하는 만큼 가까워지기를 꺼리며, 나는 종종 나의 파트너가 진실로 나를 사랑하지 않거나, 또는 나와 함께하기를 원하지 않게 될까 걱정이 된다'고 생각한다(Hazan & Shaver, 1987, p.515).

이러한 세 가지 애착 유형은 각 개인이 고백한 성인기의 사랑 경험과 관련이 된다. 하잔과 쉐이버(Hazan & Shaver, 1987)의 연구 결과에 따르면, 안정적 성향의 사람들은 대부분 자신이 가장 중요하게 생각하는 사랑하는 사람을 믿고 인정하며 우정을 느낄 수 있다고 응답했다. 그러나 회피적 성향의 사람들의 사랑 관계는 친밀함에 대한 두려움으로 특징 지워졌고, 불안/양면적 성향 사람들의 사랑은 관계에 집착하며, 첫눈에 반하는 사랑, 그리고 다른 사람과 하나로 결합(명확한 경계 없이 우리가 되는 것)하고자 하는 욕구와 연관되는 것으로 드러났다.

미쿠린스와 나츠숀(Mikulince & Nachshon, 1991, Study 3)의 연구는, 사람들이 어떻게 서로에 대해 알아 가게 되는가에 대한 실험에서, 안정적 · 회피적 · 불안/양면적 성향의 개인들이 다른 사람(실험 보조자)의 자기노출 수준에 따라 자기노출을 하고자 하는 의도가 어떻게 달라지는지에 관한 자료를 제시하고 있다. 보다 구체적으로 미쿠린스와 나츠숀의 연구 결과를 살펴보면, 안정적·불안/양면적 성향의 사람들은 다른 사람이 낮은 수준보다 높은 수준의 친밀한 정보를 노출할수록 이에 대한 반응으로 친밀한 수준의 자기노출을 하는 것으로 나타났다. 한편 기술적 친밀감으로 불리는 자기노출 행동의 측정은 자신에 관한 사실적 정보를 드러내고자 하는 의도의 측정에 근거하고 있다. 이러한 기술적 친밀감과 관련해 회피적 성향의 사람은 상대방이 높거나 혹은 낮은 수준의 친밀감을 제공하는 상황 모두에서 낮은 기술적 친밀감을 나타냈다(Morton, 1976, 1978). 뿐만 아니라 안정적 성향의 사람과 불안/양면적 성향의 사람은 상대방이 낮은 수준보다 높은 수준의 친밀감을 제공하는 상황에서 자신의 파트너를 더 좋아한다고 보고하고 있다. 그러나 회피적 성향의 사람은 높거나 낮은 수준의 친밀감을 제공하는 상황 모두에서 자신의 파트너를 좋아하는 수준이 낮은 것으로 나타났다.

또한 응답자들이 얼마나 불안감과 긴장감을 느꼈는지에 기초해 부정적인 감정을 측정한 결과, 친밀감을 많이 느끼는 상대방에게 이야기할 때 회피적 성향의 사람은 안정적이고 불안/양면적 성향의 사람에 비해 보다 많이 당황스러움을 느끼게 된다는 것을 알 수 있었다. 그러나 친밀감이 낮은 상대와 이야기할 때에는 부정적 감정 점수는 일반적으로 낮으며, 안정적, 불안/양면적, 회피적 성향의 사람들 간에도 유의한 차이를 보이지 않는 것으로 나타났다.

또한 미쿠린스와 나츠숀(Mikulince & Nachshon, 1991, Study 2)의 연구 결과에서는 회피적 성향의 사람은 안정적이거나 불안/양면적 성향의 사람에 비해 자기노출을 더욱 꺼려한다는 증거가 제시되었다. 이 연구의 응답자들은 전화를 통해 모집되었으며, 실험 상황은 실험 참여자들이 낯선 누군가와 만나게 되는 상황으로 설정되었다. 또한 대화의 상대방은 '높은 수준의 자기노출'과 '낮은 수준의 자기노출'을 보이는 두 가지 조건으로 조작되었다. 실험 전 '높은 수준의 자기노출 상대'를 만나는 조건의 참가자들에게는 그들이 만날 파트너는 자신에 대해 이야기하는 것을 좋아하고, 개인의 생각과 감정을 공유하고 싶어하는 사람이라고 말했다. 그러나 '낮은 수준의 자기노출 상대' 조건에 있었던 참가자들에게는 그들의 파트너는 자신에 대해 이야기하는 것을 좋아하지 않고, 자신의 생각이나 감정을 다른 사람과 공유하기를 원하지 않는다고 이야기했다. 그런 후 실험 참가자들에게 파트너에 대한 자기노출 의도, 파트너와의 대화 중 느낄 것이라고 예측되는 느낌, 파트너에 대한 호감도를 측정하였다.

그 결과 안정적 성향의 사람과 불안/양면적 성향의 사람은 파트너가 자기노출을 더 많이 할수록 자신도 자기노출을 더 많이 하는 경향이 있는 것으로 나타났다. 반면에 회피적 성향의 사람은 일반적으로 파트너가 자기노출을 많이 하든 적게 하든 그 여부와 관계없이 자기노출을 꺼리는 것으로 나타났다. 또한 회피적 성향의 사람은 안정적 성향의 사람과 불안/양면적 성향의 사람에 비해 자기노출을 많이 하는 파트너와 대화할 때 편안함을 덜 느낄 것으로 예상되었다. 그러나 자기노출을 적게 하는 파트너와 대화할 경우 안정적, 불안/양면적, 회피적 성향의 세 부류 모두 불편함을 느끼게 될 것이라고는 기대하지 않았다.

상대방에 대한 호감도 측정 결과를 보면 안정적, 불안/양면적 성향의 사람은 자기노출을 적게 하는 것보다 많이 하는 상대를 더 좋아하나, 회피적 성향의 사람은 상대방의 자기노출 정도에 따른 호감도에 유의미한 차이가 나타나지 않는 것으로 드러났다. 결국 안정적인 사람과 불안/양면적 성향의 사람은 회피적 성향의 사람과 비교해 자기노출을 더 많이 하는 상대를 보다 선호함을 알 수 있었다.

미쿠린스와 나츠숀(Mikulince & Nachshon, 1991)의 이러한 연구 결과는 회피적 성향인 사람의 경우 친밀한 사회적 상호작용을 꺼리기 때문에 자기노출을 얼마나 주저하는지를 잘 설명해 주고 있다. 또한 이 연구는 회피적 성향의 사람은 자기노출을 많이 하는 상대방에 대해 두려움과 불편함을 느낄 수 있음을 보여준다. 즉 회피적 성향의 사람은 자기노출을 꺼릴 뿐만 아니라 자기노출을 많이 하는 상대방과 상호작용하는 것에 대해서도 불편함을 느끼게 된다는 것이다. 따라서 회피적 성향을 갖은 사람의 낮은 수준의 자기노출은 잠재적으로 두렵고, 친밀한 대화가 일어날 수 있는 상황을 막을 수 있는 보호벽 역할을 하게 되는 것이다.

가까운 관계에서의 비밀과 금기시되는 주제들

해리는 버지니아 주의 노르포크에 있는 해군의 기술자문위원으로 일하고 있다. 그는 결혼을 해 두 자녀를 두고 있다. 그는 과거에 해군의 새로운 선박 설계를 위해 샌디에이고에 6개월 동안 파견된 적이 있었다. 해리가 샌디에이고로 갔을 때 그의 가족은 노르포크에 남아 있었다. 그는 샌디에이고에서 만난 한 여자와 부적절한 관계를 가졌지만 아내에게 결코 말하지 않았다.

대학교 3학년생인 윈은 자신의 남자 친구 모건에게 자신의 과거 연애 경력을 일절 이야기하지 않았다. 모건에게 와인느는 성적인 관계를 가진 첫 여성이다. 그래서 그녀는 옛 연애 이야기를 모건에게 한다면 그가 당황할 것이라고 생각한다.

지각된 위험이 너무 커서 수용 가능한 수준을 넘게 되면, 우리는 이를 비밀로 하게 된다. 19세기 사회학자인 게오르그 짐멜 Georg Simmel은 "비밀은 그것이 공개되는 순간에야 해소될 긴장감을 내포하고 있는 것이며…, 그것은 누설될 가능성과 유혹에 휩싸여 있다. 또한 비밀은 다른 사람에 의해 발견될 외부적인 위험과 스스로 비밀을 폭로할 수 있는 내부적 위험이 한데 얽혀 있어 마치 심연과도 같은 묘한 매력을 지닌다"(Simmel, 1950, pp.333-334).

다른 사람에게 자기노출을 꺼리게 되는 요인을 살펴볼 때, 개인적인 정보와 비밀을 구분할 필요가 있다. 이것은 다른 사람이 자신의 개인 정보에 접근할 수 있는 정도에 의해 구분되는 것이다. 개인적인 정보란 다른 사람들이 자신에 대해 일반적으로 모르는 내용(예: 의견, 신념, 느낌, 사회적 이슈, 다른 사람과의 관계 등)을 지칭한다. 그러나 다른 사람이 알고 싶어 한다면 공개할 수 있는 내용들이다. 우리는 누군가와 가까운 관계로 발전하고 싶을 때, 개인적 문제를 해결하기 위해 도움이 필요할 때, 또는 인간관계와 관련된 문제에 대한 고민을 토로하고 싶을 때 이러한 '개인적'인 정보를 노출할 것이다. 그러나 비밀은 우리가 다른 사람들에게 적극적으로 감추고 숨기고 싶어 하는 내용들을 가리킨다. 몇몇 상황에서 '비밀' 정보가 노출되기도 하지만, 이러한 정보는 공개되지 않는 것이 일반적이다. 왜냐하면 비밀 정보의 내용은 노출되었을 때 너무 위협적이거나 부끄럽고(예: 부모님이 전과가 있다), 또는 비밀을 노출하는 것이 자신 또는 다른 사람에게 고통을 줄 수 있기 때문이다(예: 자신과 자녀들이 곤란을 겪게 하지 않기 위해 부모는 자녀나 이웃에게 자신들의 전과 사실을 말하지 않으려 할 것임).

한편 복(Bok, 1984)은 비밀을 고의적인 은폐라고 하였다. 우리는 비밀을 지키고 싶을 때, 그것을 은폐시키면서 다른 사람들이 그 정보를 얻는 것을 막게 된다. 왜냐하면 우리의 비밀을 아는 사람이 거의 없기 때문에 비밀을 털어놓게 되면 상대방은 획득한 정보를 통해 우리에 대한 위력를 얻게 될 것이기 때문이다(Bok, 1984). 그러나 비밀을 안다는 것은, 또한 비밀을 알게 된 사람은 그 정보에 대한 책임을 져야 한다는 것을 의미하는 것이다. 이러한 이유로 가까운 사이에서 몇몇 주제들은 상대방에게 정보에 대한 지나친 접근을 유발하거나, 그러한 정보에 대한 책임에 부여되는 과다한 부담으로 인해 금기시되는 것으로 여겨진다. 예를 들어 남편이 암으로 죽어 가고 있을 때, 그의 아내는 이 사실을 친구들에게 말하면 자신의 걱정이 친구들에게 부담이 될 수 있다고 생각하기 때문에 말하기를 꺼릴 수 있다. 다른 예로 남편은 자신이 곤란에 처하지 않고 아내가 당황해 하지 않도록 하기 위해 아내에게 자신의 과거 여자 관계에 대해서는 말하지 않을 것이다. 또는 부모 역시 자녀들이 걱정하지 않게 하려고 금전적 어려움에 대해서는 이야기하지 않을 것이다.

백스터와 윌모트(Baxter & Wilmot, 1985)의 연구에 의하면 사람들은 이성과의 대화 시 몇몇 특정 주제에 대해서는 서로 이야기하는 것을 금기시한다고 한다. 백스터와 윌모트는 자신들의 연구에서 이성과 관계를 형성하고 있는 사람들을 대상으로 인터뷰를 실시했다. 인터뷰한 커플들을 살펴보면, 어떤 커플은 성적 관계가 있었지만 서로 매력을 느끼는 사이는 아니었고, 또 어떤 커플은 상대방과 연인 관계라고 하지는 않았지만 친구 이상으로 생각하고 있어 연인 관계로 발전할 가능성이 높은 커플이었다. 그 외 나머지 커플들은 서로 연인 관계임을 인정하는 사랑하는 사이였다.

백스터와 윌모트는 연구에 참여한 커플들에게 그들의 대화 중에 어떠한 주제들이 금기시되는가를 질문하였다. 연구에 참여한 사람은 남자 40명, 여자 50명이었으며, 인터뷰 결과 모두 6개의 범주에 걸쳐 172개의 금기시되는 대화 주제가 수집되었다. 그 6개의 범주를 각각 살펴보면, (a) 파트너 간 관계의 상태, (b) 파트너와의 관계 이외의 활동과 사회적 관계, (c) 파트너가 서로에 대해 어떻게 행동해야 한다는 것과 같은 관계 규범 내지는 관계 내에서의 행동 규칙, (d) 과거 다른 이성과의 교제 경험, (e) 정치, 종교, 부모에 대한 태도 등과 같이 다양한 이슈에 대해 견해 차이를 갖고 있어 갈등을 유발시킬 수 있는 주제, (f) 자존심에 손상을 주거나 유쾌하지 않은 대화 내용을 담고 있어 부정적인 영향을 줄 수 있는 자기노출에 관한 것이다.

이들의 연구에서 6개의 범주 중, 금기시되는 대화 주제로 가장 많이 인용되었던 것은 '파트너와 관계 상태', '관계 이외의 활동'이라는 두 가지 주제였다. 응답자들이 왜 이러한 것들을 이야기하려 하지 않는가에 대해 백스터와 윌모트가 제시한 근거들을 살펴보면 다음과 같다.

관계의 상태

관계의 상태는 주로 관계를 악화시킬지도 모른다는 두려움으로 인해 금기시되는 주제로 언급된다. 예를 들면, 응답자들은 서로의 관계에 대한 관여도가 다르다는 것을 이야기하면 서로의 관계에 금이 갈 수도 있다고 생각한다.

> 제 남자 친구는 결혼을 진지하게 생각하고 있지만, 전 꼭 결혼을 해야 한다고 생각하지 않아요. 저는 지금 상태가 좋거든요. 결혼은 괴롭고 저를 방어적인 자세를 취하게 하는 문제인 것 같아요(Baxter & Wilmot, 1985, p.259-260).

> 제 남자 친구와의 관계가 앞으로 어떻게 될지에 대해 이야기하기는 힘들어요. 남자 친구는 그가 미래에 원하는 것을 확실히 알지만, 저는 확실히 잘 모르겠거든요. 제 남자 친구가 저에게 진정으로 유일한 사람이 될 수 있는지 알고 싶어요. 그래서 만일 다른 사람이 제게 데이트를 신청한다면 다른 사람과도 데이트해 보고 싶고요. 그러나 이런 사실은 남자 친구에게 말하지는 못했어요. 그가 상처받을까 두려웠거든요 (Baxter & Wilmot, 1985, p.260).

관계의 상태에 대해 서로 말하지 못하는 또 다른 이유는 '개인적인 취약성' 또는 자존심에 손상이 갈 것을 두려워하기 때문이다. 예를 들어 한 남성은 다음과 같이 이야기했다.

> 관계 그 자체에 대한 이야기가 금기시되는 거죠. 저는 관계

> 에 관한 이야기는 한 번도 한 적이 없어요. 결코요. 그건 큰 실수예요. 실제로 제가 상대방과의 관계 그 자체에 대해 이야기했던 적이 몇 번 있긴 한데, 그건 모두 매우 술이 취했을 때여서 아무것도 생각하지 않았기 때문이에요. 관계에 대해 이야기하는 것은 정말 큰 실수예요. 왜냐하면 그건 누군가를 매우 상처받게 할 수 있거든요. 전 누군가의 마음이 상처입는 걸 바라지 않거든요(Baxter & Wilmot, 1985, p.261).

어떤 사람들은 상대방과 서로 '그냥 이해하는' '암묵적인 커뮤니케이션' 방식을 갖기 위해 관계에 대해 이야기하는 것은 금기시해야 한다고 느낀다. 연구에 참여했던 한 남성은 다음과 같이 말했다.

> 관계에 대해 제가 알게 된 대부분의 것은 대화를 통한 것이 아니라 오히려 느낌을 통해서였어요. 말하지 않고 그냥 이해하는 거죠. 마음이 서로 통하면 사람들은 거짓말하려 하지 않아요. 단지 말하고 싶지 않은 걸 말하지 않을 뿐이에요. 그게 오히려 모든 걸 자연스럽게 해 줘요(Baxter & Wilmot, 1985, p.261).

관계 이외의 활동

자신 또는 상대방의 다른 관계에 대해 말하는 것이 금기시되는 데는 몇 가지 이유가 있다. 그중 하나는 현재 상대방과의 관계 이외의 것에 대해 이야기했을 때 발생할 수도 있는 '관계에 미치는 부정적인 영향'(예: 질투나 분노)에 대한 우려가 있기 때문이다. 한 여성은 다음과 같이 이야기했다.

> 저는 과테말라에서 여름을 보냈고, 거기서 한 남자를 만났어요. 저는 그 남자에게 자주 편지를 써요. 하지만 그 사실을 제 남자 친구에게는 말하지 않았어요. 제 남자 친구가 상처받기를 원하지 않거든요. 제 남자 친구는 극단적 성격의 소유자예요. 남자 친구가 그 일을 알게 된다면, 그것을 매우 심각하게 여기거나, 아니면 전혀 별일이 아니라고 여길 수도 있겠지만, 여하튼간에 저는 파란을 일으키고 싶지 않아요 (Baxter & Wilmot, 1985, p.262).

프라이버시에 대한 '권리'는 종종 상대방과의 관계 밖의 일에 대해 이야기하지 않는 것을 정당화시켜 준다. 사람들은 자신의 파트너도 프라이버시에 대한 권리가 있다고 생각한다. 한 여성은 자신의 여자 친구와 데이트하는 자신의 남자 친구에게 그 사실에 대해 이야기하지 않는 이유를 프라이버시에 대한 권리라는 이유로 다음과 같이 설명했다.

> 다른 사람들이 알 이유가 없는 문제들도 있어요. 남자 친구가 제 여자 친구와 데이트 나갔을 때 기숙사에는 그 사실을 아는 사람이 아무도 없었어요. 그는 결코 그 사실을 이야기

> 하지 않았고, 저 역시 물어보지 않았어요. 그건 저와는 상관 없는 일이거든요(Baxter & Wilmot, 1985, p.262).

자신의 파트너와 다른 사람 사이에 자신이 끼는 것에 대한 염려 역시 자신과의 관계 이외의 다른 관계에 대한 얘기를 회피하게 하는 이유로 언급된다. 예를 들면, 한 남성은 여자 친구의 과거 남자 친구이자 자신의 친구이기도 한 사람에 대해 서로 말하지 않는 이유를 다음과 같이 이야기했다.

> 우리는, 제 여자 친구의 남자 친구가 그들의 관계에 대해 제게 말한 내용에 대해 서로 이야기하지 않아요. 왜냐하면, 여자 친구는 그건 옳지 못하며, 그녀의 남자 친구였던 사람은 제 친구이기도 하기 때문에 저와 친구와의 우정에 금이 갈 수도 있다고 생각하기 때문이에요. 그녀의 남자 친구였던 사람이 제게 자신 있게 하는 말들에 대해 제가 말하지 않을 것이라는 것을 우리는 모두 잘 알고 있어요(Baxter & Wilmot, 1985, p.262).

가까운 관계에서 금기시되는 주제의 빈도

백스터와 윌모트(Baxter & Wilmot, 1985)는 자신들 연구에서, 인터뷰에 참가한 이성 교제를 하고 있는 대부분의 대학생들은 상대방과 금기시하는 주제를 적어도 하나 이상씩은 갖고 있음을 확인했다. 그중 관계의 상태에 대한 명백한 언급이 가장 많이 금기시되는 주제로 나타났다. 우리는 일반적으로 더 많은 것을 터놓고 얘기할수록 보다 가까운 사이라고 생각한다. 그러나 관계 그 자체와 관련한 문제에 대해 명백하게 이야기하는 것은 백스터와 윌모트(Baxter & Wilmot, 1985)의 표현에 의하면 '해로운 관계의 폭력'(p.265)으로 여겨질 수 있다. 서로의 관계에 대해 이야기하는 것이 두려운 것으로 여겨져 금기시되는 이유는 아마도 서로 간의 관계가 쉽게 깨질 수 있고, 앞으로 어떻게 관계가 발전할지 잘 모르며, 내가 상대방을 생각하는 것처럼 상대방이 나를 생각하지 않으면 자신이 상처받게 될지도 모른다는 불안감 때문일 것이다. 예를 들면 관계에 대해 이야기하는 것이 가장 금기시되는 관계는 '잠재적으로 연인 관계로 발전할 수 있는 관계'의 커플이다. 그들의 관계는 단순한 친구 이상이기는 하지만 아직 심각한 연인 관계는 아니기 때문에 쉽게 변할 수 있는 상태이다. 한 관계에서 보다 친밀한 관계로 발전한다는 것은 관계 당사자들에게 있어 불확실한 상태에 놓여 있음을 의미할 수 있으며, 따라서 그들은 관계에 관한 대화로 인해 야기될 수 있는 부정적 결과에 대한 위험을 감수하려 하지 않을 것이다(Baxter & Wilmot, 1985; Metts, 1989).

관계의 상태에 대해 명백한 대화를 나누는 것이 가장 많이 언급되는 금기 주제이기는 하나 백스터와 윌모트(Baxter & Wilmot, 1985)의 연구는 또 다른 금기 주제에 대해서도 언급하고 있다. 파트너와의 관계 이외의 활동 및 과거의 이성 관계에 관한 주제를 금기시하는 것은 상대방과의 관계에 있어 자신의 몰입도에 의문을 불러일으킬 수 있다. 또한 파트너가 서로에 대해 어떻게 행동해야 한다라는 행동의 규칙을 다루는 관계상의 규범 역시 금기시된다. 한편 파트너와의 갈등을 유발시킬 수 있는 주제에 대해 금기시하는 것은 서로 간에 일치된 견해를 가질 수 없음을 의미한다. 뿐만 아니라 상대방이 부정적으로 생각하는 내용에 관해 이야기하는 것을 금기시함으로써 서로 간의 관계가 깨지는 것을 막을 수 있을 것이라는 잘못된 생각도 있다.

백스터와 윌모트(Baxter & Wilmot, 1985)의 연구는 금기시하는 주제가 존재함을 보여 주고 있으나, 이러한 연구 결과는 그러한 주제를 금기시하는 것이 관계 만족에 어떤 기여를 하는가는 제시하지 못하고 있다. 어떤 커플이 몇몇의 주제를 금기시하고 이야기하지 않음으로써 그들은 자신과 상대방을 보호할 수 있을 것이다. 그들은 특정 정보에 접근하는 것을 제한함으로써 자신의 프라이버시 영역을 통제할 수는 있지만, 이러한 결정은 관계 그 자체에 부정적이거나 긍정적인 영향을 미칠 수 있다.

이와 관련한 밴절리스티(Vangelisti, 1991)의 연구는 비밀을 지키는 것이 가족원의 기능 수행에 미치는 영향에 대한 증거들을 제시하고 있다. 특히 그의 연구는 가족만 알고 남들에게는 숨기는 비밀, 가족 중 일부는 알고 있지만 일부 가족에게는 숨기는 비밀, 그리고 한 사람만 알고 다른 모든 가족에게 숨기는 비밀에 초점을 맞추고 있다. 그의 연구 결과에 따르면, 가족이 갖고 있는 것으로 지각하고 있는 비밀의 수는 가족 구성원의 만족과 부적인 관계가 있는 것으로 나타났다. 그러나 가족의 비밀을 지키는 것은 가족을 보호하는 기능을 수행하는 것으로 나타났다. 가족 간 비밀을 지키는 것이 반드시 가족 구성원 간의 유대를 형성하는 방법으로 여겨지는 것은 아니지만, 그러한 비밀이 가족 이외의 사람들에게 노출되었을 때 나타날 수 있는 위험으로부터 가족을 보호하는 기능을 할 수 있다는 것이다. 즉 비밀을 지키는 것이 가족 구성원의 관계에 대한 만족감을 이끌지는 못한다고 하여도 가족 이외의 사람들로부터 받을 수 있는 위험 내지는 상처를 줄여 줄 수는 있을 것이다.

파트너에게 비밀 공개하기

서른한 살의 리차드는 최근 주립대학에 입학했다. 그는 무장강도범으로 4년 동안 감옥에서 복역한 과거가 있지만, 지금은 그의 인생을 되돌리기 위해 노력하고 있다. 그러던 중 그는 대학교 3학생인 스물두 살의 로빈을 만났고, 그녀를 매우 좋아하게 되었다. 리차드는 로빈에게 데이트 신청을 하고 싶었지만, 그녀에게 자신이 복역한 과거를 말해야 하는지에 대해서는 확신이 없다.

스탠리는 몇 달간 도박에 빠져 있었다. 그는 또한 그로 인해 빚을 지기도 했는데, 아내인 수잔은 남편이 그의 월급 전체를 거의 탕진하고 있다는 사실을 알지 못했다. 그러다 수잔은 남편의 월급에서 남편이 빌린 돈을 갚기 위해 매주 일정량의 돈이 빠져나가고 있다는 사실을 알게 되었다. 그녀가 남편에게 그 이유를 묻자 남편은 도박으로 돈을 잃었다는 사실을 아내에게 숨기기 위해 돈을 빌리게 되었다고 고백했다. 수잔은 남편이 자신에게 거짓말을 했기 때문에 더 이상은 그를 존경할 수도 신뢰할 수도 없다고 이야기했다.

가까운 관계에 있는 사람들은 서로의 관계가 위태로워질 수 있다는 두려움으로 인해 어떤 주제에 대해서는 서로 말하지 말아야 할 주제로 못 박아 버릴 수도 있으며, 혹은 새로운 친구를 사귀려 하는 사람이 파트너로부터 자신이 거절당하는 것을 피하기 위해 자신의 과거(예: 자신의 전과기록나 정신병력), 또는 현재(예: 포진herpes이 있음)에 대한 부정적인 정보를 숨기려 할 수도 있다. 일반적으로 사람들은 민감한 문제에 대해서는 공개하지 않으려는 경향이 있음에도 불구하고 사람들은 가까운 관계에 있는 자신의 파트너는 자신에게 정직할 것이고, 그들의 관계에서는 상대방을 속이는 행동은 일어나지 않을 것이라는 강한 기대를 하게 된다(McCornack & Parks, 1986; Miller, Mongeau & Sleight, 1986; Rubin et al., 1980). 밀러 등(Miller et al., 1986)은 가까운 관계에 있는 사람들 사이에서는 "상당히 상충되는 증거가 제시되지 않는 한 자신의 파트너에 대해서는 정직할 것이라 믿는 것과 같은 진실 편향이 의사소통에 영향을 미치게 된다"(p.509)고 하였다. 따라서 다음에서는 파트너가 정보를 알고자 하는 욕구, 노출 시기, 자기노출자와 수용자 간의 상호 협상 등에 기초하여 사람들이 잠재적으로는 부정적일 수 있는 개인적 정보를 언제 노출할 수 있는지에 대해 살펴볼 것이다.

정보를 알고자 하는 욕구 : 관계와 관련된 정보의 노출

자신에 관한 개인적인 정보나 느낌이 파트너에게 모두 공개되어야 한다는 주장은 지나치게 단순화된 논리이다. 1960년대 인간 잠재력 운동이 인기가 있었을 무렵에는 거의 "강박적인 정직함의 열기"가 있었다. 이러한 견해를 지닌 극단주의자들은 자신과 관계가 있는 사람들에게는 자신의 모든 것을 털어놓아야 한다고 주장했다. 특히 이러한 강박적인 자기노출은 그것이 처벌이나 잔인하고 악의 있는 행동(예 : 빈정대며 "나는 몇 년 동안 외도를 해 왔어. 너도 그것을 알고 있었지"라고 말하는 것)과 관련된 경우 비참한 결과를 초래할 수 있다. 반면에 이와 상반되는 것은 '오히려 상대방이 모르게 하는 것이 그를 상처 입지 않게 하는 것'이라는 견해이다. 이러한 '기사다운 거짓말'(Karpel, 1980)의 자세는 파트너에게 특정 내용에 대해 숨기는 것이 상대에게 최선이라는 생각을 합리화시킨다.

사람들은 특정한 개인적 정보나 상대방과의 관계에 대한 생각들에 대해서 말하기를 꺼릴 수 있다. 그것은 아마도 상대방에게서 거절당할지도 모른다는 생각으로부터 자신을 지키고, 서로의 관계와 관련해 부딪쳐야만 하는 문제를 피하기 위해서일 것이다. 그러나 최선의 관계를 위해서는 상대방에 대한 신뢰, 믿음, 관심과 같은 문제에 영향을 미칠 수 있는 정보를 노출하는 것이 적절하다(예 : 배우자에게 혼외 관계가 있었음을 이야기하는 것).

반면에 자신의 유년 시절에 있었던 큰 충격적 경험(그러한 충격적 사건이 합리적으로 잘 해결되었고, 현재 상대방과의 관계에 영향을 미치지 않는다면)에 대해서는 반드시 상대방에게 이야기할 필요는 없다. 충격적 사건을 경험한 사람은 상대방에 대한 신뢰의 표시와 자신의 경험에 대해 정확하게 알려 주고 싶은 마음에 그러한 경험을 이야기하려 할 것이다. 그러나 노출시킨 과거 경험이 서로의 관계에 중요한 시사점이 되지 못한다면, 그러한 이야기는 상대방과 공유될 수 없을 것이다(Karpel, 1980).*

위험한 정보의 노출 시기

어떤 사람이 부정적인 정보를 갖고 있다면 그 정보를 노출할 가장 적절한 시기는 언제일까? 이 질문과 관련된 연구 결과들은, 특히 부정적 사건에 대한 책임이 자기노출자에게 있는 경우에는 정보 수용자의 호의적인 평가를 얻기 위해서는 관계 초기에

---

* 우리의 논의는 어떻게 관계와 관련한 문제에 대한 개방이 커플들이 서로 잘 지내는 능력에 영향을 미치는가를 강조하고 있다. 그러나 이와 관련해 솔직함과 감춤(심지어 왜곡하고 위조한 정보)이 관계 만족도에 미치는 효과에 대한 실증적 연구가 요구된다. 예를 들면 메츠(Metts, 1989)는 가까운 관계(데이트, 약혼, 그리고 결혼 관계와 친구 관계)에서 발생할 수 있는 기만에 대한 이유는 자신과 그 관계에 있는 파트너의 만족도에 영향을 미침을 발견했다. 즉 파트너에 대한 염려(예: "내가 그에게 이야기하면 그가 몹시 상처받게 되리란 걸 알았어요", "나는 그 당시 그녀가 너무 지쳐 있고 너무 많은 스트레스를 받고 있기 때문에 그녀가 진실을 받아들일 수 없을 거라고 느꼈어요") 때문이라고 그들 관계에서의 기만을 정당화시키는 사람은 자신, 관계, 또는 문제 중심의 이유에 대한 우려에 근거해 기만을 정당화시키는 사람들보다 관계 만족도가 높고 자신의 파트너에 대한 친밀도와 지각된 몰입 수준이 높을 것으로 나타났다.

부정적 내용을 이야기하는 것이 바람직하다고 제언하고 있다.

존스와 고든(Jones & Gordon, 1972)의 다음 연구 결과를 살펴보자. 이 연구의 참가자들은 어느 한 고등학생이 자신의 학교 상담선생님과 나누는 가상의 인터뷰 내용을 듣게 된다. 실험 상황은 학생이 갖고 있는 부정적 정보에 대한 학생의 책임 유무에 따라 설정되었다. 먼저 '책임이 없는' 실험 조건의 학생은 부모의 이혼 소송으로 인해 한 학기 동안 학교를 다니지 못한다고 말하는 상황으로 설정되었다. '책임 있는' 조건의 학생은 커닝으로 인해 학교로부터 정학을 당했기 때문에 한 학기 동안 학교를 다니지 못할 것이라고 말하는 상황으로 설정되었다. 한편 학생의 자기노출의 시기는 인터뷰 초반에 학생이 자발적으로 이야기하는 상황, 그리고 인터뷰 후반에 왜 그가 다른 고등학교로 전학 가야 하는가에 대한 상담선생님의 직접적인 질문에 답하는 상황으로 설정되었다.

연구 결과, 실험 참가자들은 부정적 사건(커닝, 표절)에 대해 책임이 있는 학생에 대해서는 인터뷰 후반보다 초반에 이러한 정보를 노출하는 것에 좋은 평가를 내렸다. 반면에 부정적 사건(부모의 이혼으로 인한 전학)에 대한 책임이 없는 학생에 대해서는 오히려 인터뷰 후반에 이러한 정보를 이야기하는 경우를 더 선호하였다. 존스와 고든의 연구에서 부정적 정보가 인터뷰 초기 또는 후반에 노출되는가에 따른 정보 노출 시기라는 변수와 관련해서는 자기노출자의 자기노출 의도, 즉 적극적으로 자기노출을 하고자 하는가 또는 이를 꺼리는가에 보다 많은 주의를 기울여야 한다(자기노출의 시기라는 변수는 시간과 자기노출이 자발적인 것인지 아니면 누군가의 직접적인 질문에 대한 대답으로써 제공된 것인가 하는 두 가지의 조합으로 결정된다). 한편 커닝을 한 학생이 자신의 부정적 정보에 대한 노출을 꺼리는 것은, 그 학생이 아마도 가식적인 마음으로 그의 선생님과 관계를 맺으려 한다고 실험 참가자들에게 받아들여졌기 때문에, 그 학생은 신뢰할 수 없는 사람이라는 인상을 강화시키게 된다. 반면에 자신의 책임이 없는 부정적 사건과 관련한 자기노출을 꺼리는 학생에 대해서는, 그 학생이 동정심을 얻고 싶지 않아 자기노출을 하지 않으려 한다고 생각했기 때문에 실험 참가자들은 그 학생에게 높은 점수를 주게 된 것이다.

아처와 버레슨(Archer & Burleson, 1980)에 의해 이루어진 후속 연구는 부정적 사건에 대한 자기노출의 시기는 자기노출자에 대한 호감에 영향을 미친다는 결과를 제시하였다. 실험의 보조자들은 실험 참가자들에게 대화 초기 또는 후반에 자신의 여자 친구가 임신하게 되었다는 사실을 말하게 된다. '선택 가능'한 조건에서는 여자 친구의 임신 사실을 말할 실험 보조자가 자신이 대답할 질문의 순서를 마음대로 정할 수 있었다. 그러나 '선택 불가능'한 조건에서는 실험 보조자에게 원하는 대로 질문 순서를 정할 수 있는 기회가 주어지지 않았다. 실험 결과 실험 참가자들은 선택 가능한 조건에서는 실험 보조자가 자신의 여자 친구의 임신 사실을 대화 후반보다 초기에 이야기할 때 더 큰 호감("당신은 당신의 파트너를 얼마나 좋아합니까?", "당신은 당신의 파트너를 친한 친구로 사귀고 싶습니까?"와 같은 질문으로 측정)을 갖게 되는 것으로 나타났다. 그러나 선택 불가능한 조건에서는 이러한 결과가 나타나지 않았다. 또한 '선택 가능한' 조건의 실험 보조자로부터 여자친구의 임신 사실을 대화 초기에 듣게 된 실험 참가자는 그러한 자기노출을 상대방의 기본적인 성격에 의한 것이라기보다 상대방이 자신에 대해 갖는 느낌 때문이라고 생각하게 된다. 왜냐하면 실험 참가자들은 "자기노출자가 자신이 책임져야 할 좋지 않은 일을 대화 초반에 내게 이야기하는 것은 상대방이 정직한 마음으로 나와의 관계를 시작하려 하기 때문이다"라고 생각할 수 있기 때문이다. 그러나 좋지 않은 일을 대화가 끝날 때까지 이야기하려 하지 않았다면 그것은 "아마도 그가 무언가를 숨기려 했거나 그가 어떤 사람인가를 내게 속이려 했기 때문일 것이다"라고 생각할 수 있기 때문이다.

존스와 고든(Jones & Gordon, 1972), 아처와 버레슨(Archer & Burleson, 1980)의 연구는, 누군가 자신과 처음으로 대면하게 되는 자기노출자가 자신의 책임 있는 '부정적' 정보를 노출할 때는 관계 초기에 이야기하는 것이 더 호감을 준다는 것을 제시한다.* 그러나 무언가를 숨기거나 파트너를 속이는 사람의 경우, 만일 그런 사실이 노출된다고 해서 반드시 상대방으로부터 거부되

---

* 존스와 고든(Jones & Gordon, 1972), 아처와 버레슨(Archer & Burleson, 1980)의 연구는 서로 이전에 몰랐던 사람들 간의 대화에 있어 자기노출 시기의 효과를 검증하였다. 이러한 결과를 이미 알고 있는 가까운 관계의 사람들에게도 일반화시켜 관계 발달 단계의 다른 시점에서 자신에 대한 부정적 정보 노출을 선택하는 것은 중요하다고 하겠다.

거나 관계가 끝나게 되는 것은 아니다. 만일 정보 수신자가 "자기노출자가 그렇게 말하지 않은 이유에는 좋은 의도가 있었다"라고 생각한다면(예: 곤란한 내용을 얘기하면 상대방에게 상처를 줄 수 있다는 염려) 상호 간의 신뢰는 여전히 유지될 수 있을 것이다.

자기노출 시기 이외에도 사람들은 때때로 자신의 개인적 이야기를 말하고 싶어하면서도 이를 실제로 노출하는 것에 대해서는 계속적으로 통제할 필요가 있다고 느끼기도 한다. 누군가에게 개인적 정보를 노출함으로써 생기는 문제 중의 하나는 그러한 정보가 제3자에게 새어 나가는 것이 가능하다는 것이다. 그렇기 때문에 사람들은 자신이 말하는 얘기가 얼마나 심각한 것인지를 나타내기 위해 종종 "이 얘기는 아무한테도 하지 마, 그런데…"와 같이 '사전에 금지하는 말'을 사용하기도 한다(Petronio & Bantz, in press). 이런 유형의 말들은 이야기될 내용을 알아야 하는 사람이 어디까지인지의 한계를 설정하는 것이다.

페트로니오와 밴츠(Petronio & Bantz, in press)는 이런 유형의 언어적 수단(사전에 금지하는 말들)이 '자기노출자의 개인적 정보가 새어 나가는 것을 막는 데 얼마나 유용한가의 정도'를 검증하기 위해 다음과 같은 연구를 실시하였다. 연구의 한 조건의 응답자들에게는 자신이 가까운 친구에게 자신의 낮은 또는 보통 수준의 개인 정보를 노출하는 것을 생각하도록 했다. 그리고 그 친구가 다른 사람에게 그 내용을 이야기할 것인지 아닌지의 여부를 예측하게 했다. 또 다른 조건의 응답자들에게는 자신이 개인적 정보를 친구로부터 듣게 되는 수신자라고 생각하도록 했다. 그리고는 자신이 가까운 친구로부터 들은 정보를 다른 사람에게 말할 것인지 아닌지의 여부를 예상하게 했다.

실험 결과 자기노출자와 수신자의 조건 모두에서 상당 비율의 응답자가 심지어 "아무에게도 말하지 마"와 같은 금지의 말을 사용한다고 해도 정보 수신자는 그러한 개인적인 정보를 다른 사람에게 말하게 될 것이라고 예상하였다. 그러나 응답자들은 정보 수신자가 자신이 들은 개인적 정보를 이야기하기로 선택한 제3자는 그의 믿을 만한 친구 내지는 가족일 것이라고 대답했다. 그러므로 이러한 연구 결과를 통해 사전에 금지하는 말들을 사용한다고 해도 개인적 정보가 새어 나가는 것을 막을 수는 없지만, 그러한 말은 위험하고 말한 사람의 체면을 손상시킬 수 있는 정보가 전달될 사람을 선택하는 데 있어 신중을 기할 필요가 있음을 암시해 주는 역할을 한다.

위험한 정보 노출을 관리하기 위한 커플 기반 전략

우리는 지금까지 부정적 정보 노출에 대한 결정은 어느 정도 관계의 필요성에 대한 자기노출자의 지각 및 대화 시 공개 시기의 고려에 근거한다는 것을 살펴보았다. 그러나 부정적 정보 노출이 단지 취약한 정보를 갖고 있는 자기노출자에 의해서만 결정되는 것은 아니라는 점에 주목할 필요가 있다. 특히 가까운 관계에 있어서 관계 당사자들은 자기노출자가 인간적으로 창피해 하지 않고 정보 수신자에게도 위협적이지 않게 정보 노출을 할 수 있도록 그들은 사회적 상호작용에 협력할 것이다. 예를 들면 홀트그레이브스(Holtgraves, 1990)와 페트로니오(Petronio, 1991)는 서로 관계를 형성하고 있는 사람들은 취약성에 대한 느낌을 서로 주고받기 위해 '간접적 자기노출'을 사용할 수 있음에 주목하였다. 이러한 간접적 자기노출은 자기노출자가 상대방이 반응해 주기를 바라는 무언가를 담고 있는 복합적 메시지라는 특성을 갖고 있다. 예를 들어 직장에서 상사에게 핀잔을 듣고 자존심이 상한 남편은 그의 아내에게 "내 머릿속이 너무 복잡한 것 같은데. 이번 주말엔 장인 장모님 찾아뵙지 않아도 괜찮겠지?"라고 넌지시 말할 것이다. 이 말을 들은 아내는 남편이 고민이 있다는 것을 짐작하고 친정에 가기로 한 이번 주말 계획이 변경되는 것은 문제되지 않는다고 대답할 것이다. 그런데 만일 아내가 남편에게 "당신 말하고 싶은 뭔가가 있으세요"라고 묻는다면, 그것은 남편에게 그가 원한다면 더 많은 것을 털어놓을 수 있는 기회를 제공할 것이다.

개인적 정보의 노출자와 수신자 모두는 위험한 정보를 노출할 것인지의 여부와 노출 방법 및 시기를 상호 합의하여 잘 관리해야 한다. 관계 당사자 모두는 그들 중 누군가가 '외로움 때문에'(Holtgraves, 1990) 개인적 또는 서로의 관계에 관한 문제를 언급하게 되는 경우 그로 인해 위협감을 느낄 수 있다. 서로 간의 합의가 없는 원하지 않는 자기노출은(Gilbert, 1977) 개인의 자존감에 부정적인 영향을 미칠 수도 있다. 뿐만 아니라 심지어 이러한 일이 스트레스를 일으키거나 관계의 만족감을 감소시킬 수 있음에도 불구하고 상대방으로 하여금 그러한 자기노출에 반응하도록 하는 상황에 놓이게 한다. 또한 누군가가 파트너에게 잘못된 점을 직접적으로 말하라고 한다면 그것 역시 서로에게 위협 요인이 될 수 있다. 따라서 난처하게 만들거나 자존심을 손상시켜 자기노출자와 수신자 모두를 위협하는 대화가 되지 않게 하려면 전략적인 자기노출을 할 필요가 있으며, 동시에 관계에 영향을 미칠 수 있는 중요한 정보 또한 전략적으로 얻어 낼 수 있어야 한다. 즉 관계 당사자는 친밀한 관계를 유지하고 싶은 마음과 자신의 개인적인 자율성을 지키고 싶은 마음 사이의 갈등을 잘 조화시켜 나가야만 한다. 사람들은 어떻게 이러한 욕구를 조화시킬 것인가를 판단하는 데 있어 기준 또는 규칙에 의존하게 된다. 때때로 그러한 결정은 정보 노출 시기와 관련을 갖게 된다. 또 어떤 경우에는 다른 사람을 좋아하기 때문에 정보를 노출하기도 하고, 어떤 경우에는 개인적 정보 수용자가 정보 노출에 적절한 대상인지 부적절한 대상인지에 관심을 기울이기도 한다.

'적절한' 노출 상대와 '적절하지 못한' 노출 상대의 선택

조는 아내 바바라를 만난 것은 참 행운이라고 생각한다. 그는 자신이 아내에게 말한 것들을, 아내가 누군가에게 말하지는 않을까 하는 염려 없이 자신에 관한 거의 모든 것을 이야기할 수 있다고 생각한다. 아내는 지금까지 그가 한 비밀 이야기를 처가나 이웃들에게 소문낸 적이 단 한 번도 없다.

> 로자스 부인은 10대 딸인 마리아를 그녀의 가장 절친한 친구로 생각한다. 심지어 그녀는 남편에게도 말하지 않는 많은 일들을 딸에게는 이야기한다. 로자스 부인 자신은 남편에게 충실하다고 생각하지만, 그녀의 남편은 아내와 딸이 자신을 따돌리고 그녀들만의 관계를 갖고 있다고 생각한다.

우리의 비밀을 알게 하고 싶지 않은 사람들에게 비밀을 말하는 사람이나, 우리가 공개한 정보에 반하는 정보 노출을 하는 '부적절한' 정보 수신자를 선택함으로써 우리는 프라이버시를 침해당할 수 있다. 그러나 우리의 비밀을 지켜 줄 수 있는 '적절한' 정보 노출 상대에게 정보를 노출했다면 프라이버시는 지켜질 수 있다.

프라이버시를 보호하고 싶은 욕구에 기초한 적절한 정보 수신자의 선택은 친밀함에 내재해 있는 모순을 잘 드러낸다. 친밀감을 형성하기 위해서 사람들은 자기노출을 해야 하는데, 이 행동 자체가 정보 노출자를 취약하게 하는 것이기도 하다. 그러나 적절한 수신자는 정보 노출자와 그의 비밀을 보호해 줄 것이다. 자기노출자의 비밀을 알게 됨으로써 수신자는 자기노출자 약점을 알게 되고, 결국 무엇을 보호해야 할지를 정확하게 알 수 있다(Kelvin, 1977). 반대로 부적절한 수신자는 자기노출자를 속이거나 부당하게 이용하기 위해 신뢰를 저버리고 상대가 말한 내용을 소문내 자기노출자에게 큰 대가를 치루게 하는 결과를 초래할 수 있다.

정보 노출자를 수용하는 마음, 정보 공개 내용을 이해하는 능력, 상대를 도우려는 마음, 그리고 분별력(정보 노출자가 노출한 비밀을 소문내지 않고 지키려는 마음)이 있다면 적절한 정보 수신자가 될 수 있을 것이다(참고:Kelvin, 1977; Petronio, 1991; Westin, 1967). 그런데 앞의 조건을 충족시키면서도 어떤 사람은 정보 수신자로서 부적절할 수가 있는데, 이는 그들이 분별력과 신뢰가 없기 때문이라기보다는 정보 노출자와 수신자 간의 사회적 관계의 성격이 복잡하기 때문이다. 예를 들어 자녀에게는 절친한 친구로 대하면서도 배우자에게는 오히려 비밀을 갖는 부부는 가족 전체에게 긴장감을 유발할 것이다(Minuchin, 194; Rohrbaugh & Peterson, 1986).

가족 치료사인 에반 쿠퍼스미스(Evan Coopersmith, 1985)는 부모 중 한 명이 자신의 배우자에게는 숨기는 '비밀'을 자녀들과는 공유하려고 할 때 가족에 나타날 수 있는 긴장을 설명하기 위해 다음과 같은 역할극을 고안했다. 역할극의 참가자들에게는 소풍을 계획하는 세 유형의 가족 모델을 설정하고, 각각 어머니, 아버지, 그리고 딸의 역할을 하도록 요청한다. 첫 번째 가족 유형에서, 어머니와 딸은 아버지는 무시한 채 서로의 공통 관심사를 바탕으로 명백히 드러나는 동맹관계를 형성한다. 두 번째 가족 유형 역시 아버지가 배제된 어머니와 딸의 관계가 형성되지만, 이 경우엔 암암리에 형성돼 겉으로 드러나지는 않는다. 세 번째 가족 유형의 부모는 서로의 배우자를 배제한 채 각각 딸과 암암리에 관계를 형성한다. 쿠퍼스미스는 첫 번째 가족 유형의 경우, 소풍 갈 계획을 세울 수는 있지만 아버지는 자신이 따돌림 당한다는 기분과 질투심을 느끼게 됨을 발견했다. 딸은 어머니와의 특별한 관계로 인해 '특권이 주어진' 느낌을 갖지만, 아버지는 아내와 더 많은 시간을 보내기를 원한다. 두 번째 가족 유형은 관계의 비밀을 지키는 데 너무 많은 시간과 에너지가 소요되기 때문에 소풍 계획을 세우는 것조차 어려움이 있으며, 긴장감과 스트레스가 분명하게 나타난다(예: "나는 갈 수만 있다면 소풍 가고 싶은데, 위가 아프다"). 세 번째 가족 유형 역시 소풍 갈 계획을 세우는 데 어려움이 있다. 모든 가족 구성원, 특히 아버지 어머니 모두에게 정직해야 할 자녀는 고도의 고민을 겪게 된다.

쿠퍼스미스(1985)의 이러한 주장이 부모와 자식 간의 모든 자기노출이 그들의 가족에게 역기능적임을 의미하는 것은 아니다. 오히려 부모가 자녀에게, 또는 자녀가 부모에게 자기 정보를 노출하는 것이 '비밀'로 여겨지고, 이 사실을 다른 가족 구성원에게는 숨기고 속이려 할 때 어려움이 생길 수 있다는 것이다.

결론

이 장에서 우리는 자기노출과 프라이버시 간에 긴장 상태가 존재함을 밝혀 보았다. 우리는 스트레스를 받을 때 가끔은 마음을 열고 싶어하기도 하지만, 어떤 경우에는 프라이버시를 지키고 싶어하기도 한다. 이런 이중성은 자기 정보를 노출하고 싶을 때와 감추고 싶을 때를 통제하는 은유적 영역의 존재 가능성과 이러한 영역 사용을 통한 조절 과정을 제시한다. 프라이버시 영역의 유지는 우리에게 자율성과 자아 정체성을 지킬 수 있게 한다. 자기노출 시기가 적절하고, 그것이 안전하다고 느껴지며, 노출될 정보가 상대방과 관련되어 있다고 느낄 때와 같은 특정 상황에서 프라이버시 영역은 노출된다. 자신을 드러내는 것은 곧 자신을 취약하게 만드는 것이기 때문에 앞에 열거한 조건들은 중요한 의미를 갖는다. 우리는 위험을 무릅쓰고 관계를 해칠 수 있거나 자신을 지켜보는 타인의 마음을 손상시킬 수도 있는 정보를 노출하기도 한다. 그러나 노출될 정보의 위험도가 높다고 지각될 때, 정보 노출을 정당화시켜 줄 수 있는 특수한 상황이 주어지지 않는다면 위험도가 높은 정보는 노출되지 않을 것이다.

예민한 사안에 대한 자기노출은 위험을 초래할 수 있지만, 이러한 정보를 적절한 수신자에게 털어놓는 것은 이로울 수 있다. 우리를 염려하는 민감한 정보의 수신자들은 우리가 숨기고 싶어 하는 비밀을 모르는 것보다 알게 됨으로써 우리를 더 세심하게 보호할 수 있게 된다.

가까운 관계에서의 프라이버시 조절 문제에 대한 마지막 설명은, 사람들이 어떻게 자신이 노출한 정보와 관련한 위험을 경험하는가, 이러한 경험이 적절한 정보 공개 수신자를 선택하는데 어떻게 영향을 미치는가, 또한 어떤 영역의 주제가 노출될 내용으로 선택되는가에 관한 논의였다. 그런데 만일 정보가 부적절하게 노출된다면 관계 자체에도 위험을 줄 수 있기 때문에 가까운 관계에서 자기노출로 인한 위험은 종종 관계를 맺고 있는 사람 모두에게 영향을 준다. 그러므로 서로 관계를 갖고 있는 사람끼리는 어떻게, 언제, 그리고 어디서 민감한 내용들을 노출해야 하는가를 서로 협의해야 한다.

5

Self-Disclosure

스트레스 해소와 사회적 지원의 획득

이 장에서는 스트레스를 감소시켜 주는 정보 노출에 초점을 맞추고 있다. 즉 인생에서 불행한 일을 당한 사람이 그 일을 다른 사람에게 이야기함으로써 어떻게 도움을 받을 수 있는가와 그러한 불행한 일과 관련되어 일어나는 스트레스를 어떻게 감소시킬 수 있는가를 살펴보고자 한다. 본론을 설명을 하기 전에 먼저 다음의 예를 생각해 보자.

1979년 3월과 4월, 펜실베이니아의 TMI(Three Mile Island) 핵발전소에서 사고가 발생하였다. 이 사고로 약 40만 갤론의 물이 오염되었고, 방사선 가스가 원자로 주변 방어 건물에 방출되었다. 이 가스와 물은 방사선 노출의 근원지가 되었다. 그러나 오랜 기간이 지나도록 이 사고로 얼마나 많은 방사선이 방출되었고, 그로 인한 피해가 어느 정도인가에 대해서는 제대로 알려지지 않았다. 사고가 일어난 지 약 1년 반이 지난 후에 플레밍, 바움, 기스리얼, 그리고 겟첼(Fleming, Baum, Gisrial & Gatchel, 1982)은 TMI 핵발전소 5마일 이내에 사는 주민들을 대상으로 연구를 실시하였다. 연구 결과 TMI 근처에 사는 주민들은 다른 통제 집단의 주민들(사고가 발생하지 않았던 다른 핵발전소나 화력발전소에서 5마일 이내에 사는 주민, 또는 어떤 형태의 발전소와도 멀리 사는 주민)에 비해 더 큰 스트레스를 경험한 것으로 나타났다. 구체적으로 TMI 근처에 사는 주민들은 통제 집단의 주민들에 비해 두통과 메스꺼움과 같은 신체적 증상과 우울, 분노, 소외감과 같은 심적 문제를 더 많이 호소하였다. 생화학적인 방법에 의한 스트레스 측정 결과에서도 TMI 근처 주민들의 소변에서 더 많은 양의 카테콜아민(에피네프린과 노르에피네프린)이 검출되었다.

그렇지만 스트레스에 대한 취약성이 TMI 모든 주민에게서 동일한 수준으로 나타난 것은 아니었다. 자신의 비밀을 털어놓을 만한 절친한 상대가 적은 사람(절친한 상대와의 관계를 6개의 문항으로 측정)은 절친한 상대의 수가 보통이거나 많은 사람보다 더 많은 신체적, 심리적 문제를 토로하는 것으로 나타났다. 또한 절친한 상대가 있는 TMI 주민의 경우에는 카테콜아민 수준에 있어서도 별다른 영향을 미치지 않는 것으로 나타났다. 그러므로 신체적, 심리적 기능을 자기 보고식의 측정 방법으로 측정한 결과 비밀을 털어놓을 만한 절친한 상대가 있다는 것이 TMI 재난에서 나타난 큰 스트레스에 보다 잘 대처할 수 있게 한다는 사실을 알 수 있다(Fleming el al., 1982).

펜네베이커와 오히론(Pennebaker & O'Heeron, 1984)은 배우자가 자살 또는 자동차 사고로 사망한 사람들을 대상으로 한 연구에서, 배우자가 사망한 후 1년을 어떻게 살아갔는지, 그리고 그들의 건강 상태는 어떠한지에 대해 질문하였다. 또한 연구의 응답자들에게 배우자의 죽음에 대해 가까운 친구들에게 얼마나 이야기했는가에 대해서도 질문하였다. 그리고 배우자가 죽기 1년 전과 죽은 지 1년 후 자신의 건강 상태가 어떠한가에 대한 질문도 설문 문항에 포함시켰다. 이러한 연구의 목적은 다른 사람에게 비밀을 털어놓는 것이 배우자의 죽음과 관련되어 나타날 수 있는 건강상의 문제를 얼마나 감소시켜 줄 수 있는가를 검증하기 위한 것이었다. 연구 결과, 응답자들은 배우자와 사별하기 1년 전과 비교해 볼 때 전반적으로 사별한 후 1년 동안 건강상의 문제가 더 많아진 것으로 나타났다. 그러나 배우자와의 사별한 아픔을 다른 사람들에게 더 많이 얘기한 사람일수록 건강상의 문제가 더 적은 것으로 나타났다.

펜네베이커와 오히론(Pennebaker & O'Heeron, 1984)은 연구에 참여했던 사람들에게 배우자의 죽음이 얼마나 계속적으로 생각났는가에 대해서도 질문하였다(예: '죽음을 마음속에서 떨쳐 버릴 수 있는 정도', 그리고 '배우자의 죽음이 계속적으로 생각나는 정도'). 그 결과, 많은 친구들에게 배우자와의 사별에 대해 얘기한 사람일수록 배우자와의 사별에 대해 더 적게 생각하는 것으로 나타났다. 펜네베이커와 오히론(Pennebaker & O'Heeron, 1984)은 이에 대해 배우자와의 사별 사실을 누군가에게 털어놓지 못하면 원치 않더라도 그에 대한 생각을 계속 하게 되지만, 자신과 가까운 사람에게 사실을 털어놓을 수 있다면 그러한 생각을 감소시켜 줄 수 있다고 설명하였다.

지금까지 살펴본 이러한 연구 결과는, 사람들이 자신의 문제를 함께 이야기할 누군가가 있을 때 스트레스를 주는 사건들에 어떻게 효과적으로 대처해 나갈 수 있는가를 보여 주고 있다. 그리고 스트레스를 받게 되면 질병과 심리적 문제가 나타날 수 있음을 보여 주고 있다(Selye, 1976). 그러나 이 장에서는 정신적 충격을 주는 사건들에 대한 자기노출이 스트레스로 인해 건강이 악화되는 것을 어떻게 줄여 줄 수 있는가를 설명할 것이다. 자기노출과 스트레스에 대처하는 것 간의 관계에 대해, 특히 다음 네 가지 문제들에 대해 다루고자 한다. 첫째, 스트레스를 주는 사건에 대해 털어놓기/감추기와 그로 인한 건강 상태와의 관계를 제시하는 연구 결과들을 요약한다. 둘째, 누군가에게 인생에서 스트레스가 되는 사건에 대해 노출하는 것이 왜 건강에 긍정적 영향을 미치며, 공개하지 않는 것이 부정적 영향을 미치는가를 살펴본다. 셋째, 스트레스를 주는 사건을 노출하는 것이 바람직하지 않을 수 있는 상황을 제시한다. 그리고 마지막으로 자기노출로 인한 긍정적 효과를 얻기 위해서, 자신의 정보를 노출할 수 있는 얼마나 많은 사람과 친밀한 관계를 갖는 것이 유용한가에 대해서도 살펴본다.

털어놓기/감추기와 건강 간의 연관성

열여덟 살의 하이디는 이제 막 대학에 입학한 신입생이다. 그녀는 어린 시절, 가족과 함께 여름이면 2주씩 외삼촌댁을 방문하곤 했다. 저녁이 되면 외삼촌은 하이디에게 잘 자라고 키스를 하며, 침실에 머물러 그녀를 추행하곤 했다. 그러나 하이디는 이 사실에 대해 어느 누구에도 말하지 않았지만, 지금도 그 일을 생각하면 마음이 혼란스럽다.

> 쉰 살의 의사 셸돈은 여덟 살 때 어머니를 잃었다. 지금도 셸돈은 어머니를 생각하면 눈가에 눈물이 맺힌다. 그러나 그는 심지어 아내가 어머니에 대해 어떤 것이 기억나는지 물어볼 때도, 어머니 죽음에 관한 그 어떤 것도 이야기할 수 없다.

아마도 모든 사람은 다른 사람에게 말하고 싶지 않은 자신만의 기억, 느낌, 생각을 갖고 있을 것이다. 유년 시절 성적 학대를 당한 경험이 있는 어떤 사람들은 이러한 고통스러운 기억들을 숨기려 할 것이고, 또 어떤 사람들은 가까운 사람과의 관계나 업무상 경험했던 실패를 숨기려 할 것이다.

어린 시절에 정신적 충격을 주는 사건을 경험한 사람은 영구적으로 신체적, 심리적 문제를 안고 살 수 있다. 제임스 펜네베이커(James Pennebaker, 1989)가 대학생과 성인 직장인을 대상으로 한 연구 결과에 따르면, 어린 시절에 받은 큰 충격적인 경험은 성인이 되어 건강과 관련된 문제로 의사나 병원을 찾는 비율과 관련이 있는 것으로 나타났다. 한편 유년 시절 성적 학대를 당했다고 말한 사람들의 건강상의 문제는 부모님의 죽음이나 이혼을 경험한 사람들보다 더 심각한 것으로 나타났다.

〈그림 5-1〉은 펜네베이커와 그의 동료들이 대학교 신입생, 상급생, 그리고 성인 직장인을 대상으로 '정보 노출과 질병 간의 관계'를 알아보기 위해 실시한 연구 결과를 요약한 것이다. 이 연구에 참여한 사람들은 자신이 겪은 정신적 충격을 다른 사람에게 공개했는지의 여부에 따라 다음과 같은 세 집단으로 구분

되었다. 이러한 세 집단은 (a) 정신적 충격이 없는 집단, (b) 정신적 충격이 있었으나 이를 다른 사람에게 노출한 집단, (c) 정신적 충격이 있었으나 이를 어느 누구에게도 노출하지 않은 집단으로 구성되었다. 전체적인 연구 결과를 살펴보면, 자신이 정신적으로 겪은 충격적 사건을 누구에게도 노출하지 않는 것은 신체적 질병과 심리적 고통의 발생과 상당히 관련되는 것으로

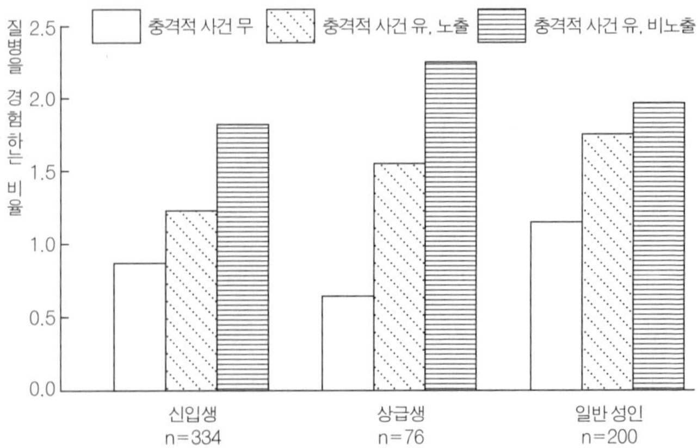

〈그림 5-1〉 정신적 충격이 없는 집단, 정신적 충격이 있었으나 이를 다른 사람에게 노출한 집단, 정신적 충격이 있었으나 이를 어느 누구에게도 노출하지 않은 집단 간 질병을 경험하는 비율

자료 출처 : Pennebaker, J. W(1989), "Confession, Inhibition, and Disease", Advances in Experimental Social Psychology, Vol. 22, p.214

주 : 대학교 신입생에 대한 세로축은 본 연구의 설문지 작성 후 4개월 동안 대학 내에 있는 건강 진료실을 방문한 실제 횟수를 나타낸다. 상급생에 대한 세로축은 본 연구의 설문에 응답하기 전인 지난 6개월 동안 의사를 찾아갔다고 본인이 응답한 횟수를 나타낸 것이다. 또한 일반 성인의 경우 세로축은 설문에 응답하기 전인 지난 1년 동안 자신이 경험했다고 응답한 크고 작은 질병의 수를 나타낸 것이다.

나타났다(Pennebaker, Colder & Sharp, 1988; Pennebaker & Hoover, 1985; Pennebaker & Susman, 1988). 그러나 이러한 연구 결과가 개인의 사회적 네트워크의 크기에 의해 영향을 받는 것은 아니다(예: 가까운 친구 수). 그러므로 자신이 어떠한 충격적인 경험을 했는지의 여부와 관계 없이 이를 다른 사람에게 노출하지 않는다는 사실은 충격적 사건을 경험한 집단 간 건강상의 차이가 발생하는 이유를 설명해 줄 수 있는 요인이다.

펜네베이커의 연구 결과는 충격적 사건에 대한 경험을 다른 사람에게 노출하는 것에 주안점을 두고 있지만, 일반적으로 사람들은 자신이 부끄럽거나 곤란하다고 생각하는 모든 유형의 느낌, 생각, 그리고 경험들에 대해서는 말하기를 꺼려할 것이다. 예를 들면 사람들은 자신에 관한 정보를 숨기거나, 가까운 관계에 있는 사람들로부터 거부될 것이라는 두려움을 숨기려 할 수도 있는데, 결국 이러한 것들이 사람의 신체적, 정신적 건강에 부정적 영향을 미치게 될 수도 있다.

라슨과 채스테인(Larson & Chastain, 1990)은 사람들이 위험하거나 부정적이라고 지각하는 정보를 얼마나 숨기려고 하는가를 측정하기 위해 다음 쪽에 제시되는 '측정 항목'을 개발하였다. 10개의 자기 정보 비노출 측정 문항의 항목들은 (a) 자신만의 비밀을 지키려는 경향(예: 내 자신에 대해 지켜야 할 많은 비밀이 있다), (b) 아무에게도 말하지 않았거나, 또는 단지 몇 사람에게만 말한 자신에 관한 비밀 또는 부정적 생각(예: 나는 어느 누구에게도 결코 말할 수 없는 내 자신에 관한 부정적 생각이 있다), (c) 자신이 숨기고 있는 내용이 다른 사람에게 알려졌을 때 일어날 수 있는 일에 대한 두려움(예:내가 갖고 있는 모든 비밀을 친구들에게 말해 버린다면 그들은 지금처럼 나를 좋아하지 않을 것이다)의 세 구성 요소에 초점을 맞추고 있다.

자기 정보 비노출 측정 항목

1. 나는 누구에게도 말할 수 없는 중요한 비밀이 있다.
2. 내가 가지고 있는 모든 비밀을 친구들에게 말해 버린다면 그들은 지금처럼 나를 좋아하지 않을 것이다.
3. 나는 내 자신에 대해 지켜야 할 많은 비밀이 있다.
4. 내가 가지고 있는 어떤 비밀은 나를 정말 괴롭게 한다.
5. 내게 무슨 일이 생길 때 그것을 비밀로 간직하는 경향이 있다.
6. 나는 가끔 내가 말하고 싶지 않은 것들을 말하게 될까봐 두렵다.
7. 비밀을 말하는 것은 때로는 기대와 어긋난 결과를 가져오기 때문에 나는 비밀을 말하지 않기를 바란다.
8. 나는 너무도 사적인 비밀이 있는데, 누군가가 그 비밀에 대해 묻는다면 아마도 거짓말하게 될 것이다.
9. 내 비밀은 너무 부끄러운 것이어서 다른 사람과 공유할 수 없다.
10. 나는 어느 누구와도 공유할 수 없는 내 자신에 관한 부정적인 생각을 가지고 있다.

* 주:각 문항은 매우 동의하지 않음이라는 (1)점부터 매우 동의라는 (5)점에 이르는, 5점의 리커르트 척도로 응답된다. 본 측정 항목의 점수가 높을수록 자신의 언짢은 생각, 느낌, 또는 정보를 다른 사람에게 숨기는 경향이 큰 것을 의미한다.

자료 출처:Larson, D.G. & Chastain, R.L.(1990), "Self-concealment: Conceptualizaion, Measurement, and Healty Implications", *Journal of Social Clinical Psychology*, 9, p.445.

또한 라슨과 채스테인은 평균 연령이 42세인 성인 응답자들을 대상으로 이러한 자기 정보 비노출 측정 항목에 대한 응답과 함께, 자기 보고식의 측정 방법으로 그들이 겪고 있는 신체적 증상(요통, 두통, 근육통과 같은 증상을 얼마나 겪는가), 분노감, 우울증을 측정하였다. 그 결과 자기 정보 비노출 측정 항목에서 높은 점수를 기록한 사람은 낮은 점수를 기록한 사람보다 상당히 많은 신체적 증상, 분노심, 우울증을 겪고 있는 것으로 나타났다. 자신의 괴로운 일들을 노출하지 않으려는 경향과 신체적 증상, 분노감, 우울증과의 관계는 사회적 지원의 효과(예: 얼마나 많은 지원을 친한 친구나 친척과 같은 많은 사람에게 받았는가)를 통계적으로 통제한 상황에서도 여전히 나타났다.

아울러 라슨과 채스테인(Larson & Chastain, 1990)은 연구의 참가자들에게 앞서 소개된 자기노출 지표(Miller et al., 1983)에도 응답하게 했다. 자기노출 지표는 응답자들에게 향후 동성인 낯선 사람을 만났을 때 얼마나 자기노출 의도가 있는가를 나타내게 하기 위해 사용되었다. 그 결과 자기노출 측정치와 긴장 지표 간에는 유의한 관계가 나타나지 않았다. 즉, 적어도 낯선 사람에 대한 자기노출 의도와 건강 상태와는 유의미한 관계가 없다고 하겠다.

왜 자기노출은 유익하고, 미노출은 해로운가?

열일곱 살의 캐롤은 자신이 매일 먹는 것에 지나치게 집착을 하며 시간을 보낸다는 것을 깨닫게 되었다. 그녀는 아주 단

시간에 많은 음식을 먹고는 그것을 강제로 토하는 행동을 한다. 캐롤은 자신의 이런 행동이 부끄럽다고 느끼기 때문에 이 사실을 아무에게도 말하지 않고 있다. 그러나 누구에게도 말하지 않는 것은 그녀의 행동이 나쁘다는 생각을 확실하게 하는 것이다.

일흔다섯 살의 헬렌 로즈는 폴란드에서 태어났다. 2차 세계대전 동안 그녀는 수용소에서 2년의 시간을 보냈다. 그녀는 가족 중 전쟁에서 살아난 유일한 사람이었다. 전쟁 후 그녀는 캐나다로 이주했고, 거기서 결혼해 두 자녀를 키우고 있다. 헬렌 로즈는 자신의 남편과 자녀 누구에도 자신이 수용소에서 있었던 경험에 대해 말하지 않았다. 최근 그녀는 홀로코스트의 생존자에 대한 연구의 인터뷰에 참가하게 되었다. 인터뷰 도중 그녀는 자주 울음을 터뜨리기는 했지만, 한편으로는 지난 50년 간 억눌러 왔던 마음에 대해 이야기할 수 있어서 마음이 한결 가벼워지는 것을 느꼈다.

우리는 지금까지 앞서 살펴본 내용들을 통해 과거 충격적 사건을 다른 사람에게 노출하지 못하는 것이 그러한 충격적 사건을 겪은 피해자들의 건강에 영향을 미칠 수 있음을 알 수 있었다. 즉 자신에게 두려움을 주고 있는 어떤 정보를 숨기려는 경향은 신체적 문제뿐만 아니라 감정적 문제에도 영향을 미치게 된다. 이에 여기에서는 자기 정보를 노출하는 것과 노출하지 않는 것이 왜 건강 상태와 관련되는가를 살펴보도록 한다.

정보 미노출은 부끄러움과 죄책감을 느끼게 한다

사람들은 자신에게 일어난 일에 대해 부끄러워하거나 난처해하기 때문에 그런 내용들을 숨기거나 때로는 거짓말을 하기도 한다. 누군가가 무언가를 숨기고 있다는 사실을 알게 된 사람은 숨긴 내용은 '나쁘거나', '부끄러운' 것이라고 추측할 수 있다. 또한 어떤 사실을 숨긴 사람 역시 자신이 노출하지 않는 정보는 자신에 관한 부정적이거나 바람직하지 않는 어떤 것이라고 결론 내릴 수 있다.

벰(Bem, 1972)의 자기지각 이론self-perception theory에 따르면 "사람들은 자신의 태도, 감정, 그리고 내적 상태를 자신의 드러난 행동과 그러한 행동이 일어난 상황에 대한 관찰을 통해 추론함으로써, 부분적으로 '알게 된다'"(p.2)고 한다. 따라서 자기 정보를 노출 또는 미노출하는 행동은 그러한 정보가 어떻게 평가되어지는가에 관한 것뿐만 아니라 자기 스스로에 대해 어떻게 느끼는가에도 영향을 미칠 수 있다.

피시베인과 레어드(Fishbein & Laird, 1979)의 실험은 자신에 관한 정보 노출 또는 미노출의 여부가 그 정보가 평가되는 방식에 어떻게 영향을 미치는가를 제시하였다. 먼저 실험 참가들에게는 실험의 목적이 '사회성/비사회성'을 측정하기 위한 것이라고 이야기했다. 그리고는 그들의 사회성을 측정한 점수라며 '4.6점'이라는 애매한 점수를 제시하였다. 그 후 실험 참가자들에게 실험의 내용을 다른 실험 참가자(실제로는 실험 보조자)와 서로 이야기하도록 하였다. 서로 이야기하는 상황에 대해서는 '미노출' 조건의 응답자들은 상대방에게 자신의 점수를 말하지 않게 하고, '노출' 조건의 응답자들에게는 이를 말하도록 조작하였다. 대화가 끝난 후 실험 참가자들에게 설문지를 작성하게 했는데, 이 설문지는 자신의 사회성이라고 했던 점수에 얼마나 만족하는가에 대한 항목을 포함하고 있었다. 그 결과 예측한 대로 자신의 점수를 상대방에게 말한 노출 조건의 사람들이 미노출 조건의 사람보다 가상의 사회성 측정 결과에 더 만족하는 것으로 나타났다.

피시베인과 레어드(Fishbein & Laird, 1979)의 이러한 연구 결과는 왜 자기노출이 좋지 않은 사건을 경험한 사람들에게 유익할 수 있는가를 보여 준다. 즉, 자기노출이 유익할 수 있는 이유는 그러한 행동이 이전에 자신이 숨겨 왔던 어려운 일들에 대한 죄책감과 부끄러운 마음을 줄여 주기 때문이다. 또한 자기노출은 사람들로 하여금 스스로를 더 긍정적으로 생각하도록 하는 데 도움이 된다. 그러나 자기 인생의 고통스러운 사건에 대해 누구에게도 노출하지 않은 사람은 자신이 숨긴 정보가 부정적인 것이라고 생각하기 때문에 스스로를 나쁜 사람이라고 생각하고 부끄럽게 여기게 되는 것이다. 예를 들면, 어린 시절에 가족에게 성적 학대를 당한 10대 소녀는 자기 가족에 대한 얘기를 숨기려 할 것이다. 자신의 경험을 숨기겠다는 결정은 그 10대 소녀에게는 죄책감을 느끼게 하는 것이다. 그녀는 아마도 "내가 누구에게도 말 못할 일이 있다는 것은 틀림없이 뭔가 잘못했다는 것일 거야", "내가 진짜 무언가 잘못한 일이 없었다면, 가족 누군가에게 말하거나 적어도 학교 상담 선생님께라도 가서 도움을 청해야 할 거야"와 같은 말을 스스로에게 던질 것이다.

정보 미노출(억제)은 심리적 스트레스를 증가시킨다

중요한 개인 정보를 숨기겠다는 결정은 생리적 · 정신적 부담을 요구한다. 펜네베이커(Pennebaker, 1989; Pennebaker & Hoover, 1985)는 고통스러운 사건에 대해 말하지 못하는 것은 상당한 노력과 에너지에 대한 비용을 필요로 한다는 '억제 이론Inhibition theory'을 제안하였다. 자기 미노출로 인해 자신의 생각이나 느낌을 억제하는 것은 스트레스 유발로 이어지며, 이로 인해 신체적, 심리적 건강을 해치게 될 수 있는 것이다. 이에 대해 펜네베이커(Pennebaker, 1989)는 다음과 같이 이야기하고 있다.

> (1) 자신의 생각, 느낌, 행동을 적극적으로 억제하는 것은 생리적인 부담을 주는 것이다. 왜냐하면 적극적인 억제 행동을 한다는 것은 의식적으로 제한하고 억제해야 한다는 것인데, 이는 어떤 측면에서 생각하지 않고 느끼지 않고 행동하지 않기 위한 노력을 기울여야 한다는 것을 의미하기 때문이다.
>
> (2) 단기적으로 억제는 피부 전도성 수준SCL(Skin Conductance Level, 더 높은 SCL은 손바닥에 땀이 더 많이 나는 것을 의미)의 증가로 나타난다. 억제는 시간이 흐르면서 몸 전체에 스트레

스를 주게 되어 질병, 그리고 스트레스와 관련된 신체적, 심리적 문제를 일으킬 가능성을 높이게 된다. 그렇기 때문에 적극적으로 정보를 감추는 것은 신체와 정신에 영향을 주는 많은 스트레스 요인 중 하나로 꼽힌다. 분명한 사실은, 억제를 위한 부담이 가중될수록 신체에 가해지는 스트레스도 증가하게 된다는 것이다.

(3) 적극적인 억제는 잠재적으로는 사람의 정보 처리 능력에도 부정적인 변화를 초래한다. 어떤 일과 관련된 중요한 생각이나 느낌을 억제할 때, 사람들은 일반적으로 그러한 일에 대해 충분한 정보 처리를 하지 못하게 된다. 예를 들어 억제된 사건을 이야기하지 못함으로써 사람들은 일반적으로 그 사건을 이해하고 동화하는 데 도움이 되게끔 언어화시키지 못한다. 결과적으로 억제된 중요한 경험은 꿈 그리고 인지적 증상과 관련된 형태로 나타날 것이다(p.231).

사람들이 자신의 어떠한 개인적 경험을 노출하지 않기로 결정했을 때, 그러한 억제와 관련된 단기적인 생리적 변화는 질병에 대한 감염 비율을 높인다는 것이다. 그러나 자신의 부정적 경험과 관련된 감정들을 다른 사람들에게 얘기하고 적극적으로 사고함으로써 그러한 일들에 능동적으로 대처한다면 정보 미노출이 초래할 수 있는 부정적 효과는 극복될 것이다. 펜네베이커(Pennebaker, 1989)는 자신의 나쁜 경험에 맞서는 태도로서의 자기노출이 지닌 이점을 다음과 같이 설명하고 있다.

(1) 과거 자신의 충격적 사건을 직접적으로 맞서려는 행동은 억제로 인한 심리적 부담을 줄여 주게 된다. 이렇게 자기노출을 통해 자신의 충격적 사건과 맞서 나가는 동안 피부 전도성 수준과 같은 자율신경계 반응이 감소하게 될 것은 명백하다. 시간이 지나도 과거 자신의 충격적 사건들에 대해 계속적으로 적극적인 자세로 임한다면, 그로 인해 충격적 사건들을 해결할 수 있으며, 따라서 전체적인 심리적 부담은 줄어들고, 신체 전체적인 스트레스 역시 감소하게 된다.

(2) 그러나 보다 중요한 것은 충격적 사건에 적극적으로 대처하는 것은 그 사건을 이해하고 그 사건에 동화될 수 있도록 한다. 숨겨두었던 이전의 사건에 대해 이야기하거나 글로 쓰는 것은 그러한 사건들을 언어화하여 보여 준다. 또한 사건이 일단 언어적으로 표현되면, 사람들은 더 쉽게 그것을 이해하고, 의미를 파악하고, 또는 사건의 결말을 얻을 수 있다(p.231).

한편 펜네베이커는 자신의 중요한 개인적 경험을 말하지 않는 것을 억제로 간주하였다. 또한 자신의 생각 또는 감정을 억제하는 것은(또는 미노출하는 것) 신체에 스트레스를 누적시키고, 질병에 걸릴 가능성을 높일 것이라고 하였다. 그러나 일반적으로 충격적, 또는 당황스러운 사건에 대한 노출을 꺼리는 사람들도 '안전한' 상황에서는 무슨 일이 있었는가를 노출하거나 '맞서 나갈 수' 있게 되며, 이러한 행동은 장기적 스트레스와 스트레스 관련 신체적 증상들을 감소시켜 줄 수 있다.

펜네베이커와 빌(Pennebaker & Beall, 1986)에 의한 연구 결과는, 자신의 인생에 있었던 충격적 사건에 대해 노출하는 것이 어떻게 장기적 건강에 영향을 미치는가를 보여 준다. 그들은 자신들의 연구에서 46명의 대학생들에게 4일 동안 매일 15분씩 자신의 인생에서 있었던 일을 기록하게 하였다. 이때 학생들은 자신의 인생에서 가장 스트레스를 많이 주었고 충격적이었던 사건을 기록해야 하는 집단과 별로 중요하지 않은 사소한 사건을 기록해야 하는 집단(통제 집단)에 무작위 할당되었다. 또한 충격적인 사건에 대해 기록하도록 한 집단을 다시 세 집단으로 나누어 첫 번째 집단에게는 그 사건에 대한 자신의 느낌은 배제한 사실만을, 두 번째 집단에게는 사실을 배제하고 사건에 대한 느낌만을, 세 번째 집단에게는 사건에 대한 사실과 느낌 모두를 기록하게 하였다.

펜네베이커와 빌(Pennebaker & Beall, 1986)은 학생들이 매일 글을 쓰기 전과 후의 시점에서 학생 스스로가 기록하는 부정적 감정(예: 긴장감, 슬픔, 죄책감, 분노심)과 혈압에 대한 자료를 수집하였다. 그 결과 '사실과 감정 모두' 또는 '감정만' 기록하도록 한 응답자들은 '사실만' 기록하게 한 집단과 통제 집단에 비해 혈압과 부정적 감정의 정도가 높은 것으로 나타났다. 그러나 장기적으로는 '감정만' 또는 '사실과 감정 모두' 기록한 조건의 응답자들이 '사실만' 기록한 집단과 통제 집단에 비해 더 적은 건강상의 문제(예: 궤양, 고혈압, 감기, 편두통)를 보이는 것으로 나타났다. 이 연구와 관련하여 나타난 가장 중요한 사실은, 아마도 자신의 경험에 대해 기록하게 한 후 6개월 동안 '사실과 감정 모두'를 기록하게 하는 조건에 있었던 사람들이 다른 조건에 있었던 사람보다 학생건강센터를 방문하는 횟수가 유의하게 적었다는 점일 것이다.

한편 펜네베이커, 키에콜트 글레이저와 글레이저(Pennebaker, Kiccolt-Glascr & Glaser, 1988b)는 앞서 소개한 펜네베이커와 빌(Pennebaker & Beall, 1986)의 연구를 확장시킨 연구 결과를 제시하였다. 펜네베이커와 그의 동료들(Pennebaker et al., 1988b)의 연구 결과, 4일 동안 매일 과거 충격적 사건에 대한 자신의 생각 또는 느낌에 관한 글을 쓰게 했던 사람들은 통제 집단(4일 동안 매일 사소한 과거 사건에 대해서 기록하게 함)에 비해 이후 6주 동안 질병으로 인해 대학의 건강센터를 방문하는 비율이 낮은 것으로 나타났다. 또한 자신의 충격적 사건에 대한 글을 쓴 사람들은 통제 집단에 비해 6주 후에 증진된 면역 체계 기능을 나타냈다(면역 기능 검사는 혈액에서 이물질의 자극에 반응하는 백혈구의 림프구 검사를 통해 측정되었다). 이러한 자기노출과 면역 기능에 대한 연구는 실험 참가자들에게 과거 충격적 사건을 노출하도록 하는 간단한 실험 조작만으로 면역 기능의 향상이 일어날 수 있는가와 관련해 많은 논쟁을 불러왔다(이에 대한 구체적 내용은 Neale, Cox, Valdimarsdottir & Stone, 1988의 연구 참조). 그러나 이들의 실험 결과는 충격적 사건에 직면하는 것(예:자신에게 일어난 사건에 대해 기술하는 것)이 건강에 주는 긍정적 효과를 어느 정도 조정할 수 있다는 사실에 대한 강력한 지지를 보여 준다.

펜네베이커의 연구 결과는, 유년 시절 일어난 충격적 사건에 대해 다른 사람에게 노출하지 못하는 것과 같은 억제 작용이 오랜 기간 동안 유지된다면, 그것은 스트레스와 관련된 질병이 일어날 확률을 증가시키는 장기적 스트레스 요인으로 작용할 것임을 나타내는 것이다. 그러나 그러한 과거의 충격적 사건을 노출한다면 억제의 감소로 인해 건강이 증진됨을 경험할 수 있을 것이다.

억제 작용이 충격적 사건의 미노출과 관련되어 있다는 펜네베이커의 견해가 옳다면, 충격적 사건의 노출이 행동의 억제와 관련된 자율신경계의 활동을 감소시킨다는 것을 보여 줄 수 있을 것이다. 펜네베이커는 이러한 사실을 다음과 같은 실험 결과를 통해 증명하였다(Pennebaker, Hughes & O'Heeron, 1987). 즉 일상적 주제보다 자신의 인생에 있었던 충격적 사건을 녹음기에 대고 얘기한 사람이 피부전도성 수준SCL(감소된 억제 활동의 측정치)의 정도가 더 낮은 것으로 나타났다. 또한 이 연구 결과에서 '높은 수준의 자기노출자'(녹음 시 울거나 목소리가 떨리는 정도로 자신의 감정을 더 많이 표출한 사람)는 '낮은 수준의 자기노출자'에 비해 충격적 사건에 대해 이야기하는 동안 피부전도성 수준이 더 많이 감소하는 것으로 나타났다. 따라서 충격적 사건에 대해 이야기할 때 '모든 것을 노출'할 수 있는 사람은 억제로 인한 심리적 부담의 감소, 면역 시스템 기능의 향상, 장기적인 건강 유지 등의 긍정적 효과를 나타낼 것으로 예측할 수 있다.

정보 미노출은 강박관념을 증가시킨다

충격적 사건의 경험은 잊기 어려운 생생한 기억을 남길 수 있다. 예를 들어 불행한 결혼을 한 사람은 성공적인 관계마저 실패할 수 있다는 강박관념에 사로잡힐 수 있다. 자신이 파티에 있을 때 어머니가 돌아가신 사람은 어머니가 돌아가시게 된 이유는 따로 있음에도 불구하고 임종 시 자신은 파티에서 놀고 있었다는 사실 때문에 죄책감을 느낄 수 있다. 다른 예로, 전공시험을 망친 학생은 자신이 대학 생활을 계속해야 하는가에 대해 고민을 계속할지도 모른다.

일단 원치 않는 부정적인 생각이 들게 되면, 그것은 그 사람에게 상당한 괴로움이 된다. 이러한 부정적인 생각은 자신의 가치를 의심하게 하고, 과거, 현재 그리고 미래에 대한 근심을 키우게 하며, 인생의 어려운 경험들을 이해하고 극복하는 능력에 대한 자신감을 저하시킨다.

이러한 문제는 자신이 겪은 불행한 일들을 생각하지 않으려고 하거나, 그에 대한 느낌이나 생각을 누구에게도 말하지 않고 회피하려고 할 때 발생한다. 살아오며 겪은 충격적 사건에 대한 이야기를 회피할수록 원치 않는 생각에서 벗어나기는 더 어려워질 것이다. 이 장의 서두에 소개된 펜네베이커와 오히론(Pennebaker & O'Heeron, 1984)의 연구에서, 배우자의 자살이나 사고사에 대해 친구와 이야기하지 않으려는 사람들은 마음속에서 그러한 생각을 지우기 더 힘들었다고 조사되었던 결과를 떠올려 보자. 이 연구에서 우리는 배우자의 죽음에 대해 더 자주 생각하는 사람이 더 많은 건강상의 문제가 나타나는 것을 알 수 있었다. 배우자의 사망 사실을 가까운 사람에게조차 이야기하지 못하는 어려움은 배우자의 갑작스러운 죽음에 대한 강박적인 생각을 증가시킬지도 모른다. 이런 강박적 사고와 관련한 스트레스는 건강 문제를 더 많이 발생시키게 되는 것이다.

웨그너, 슈나이더, 카터 그리고 화이트(Wegner, Schneider, Carter & White, 1987)의 연구 결과는, 어떤 생각의 표현을 억제하는 사람은 후에 그런 생각을 하지 말아야 한다는 생각에 사로잡히게 되는 것으로 나타났다. 실험의 참가자에게 "백곰에 대해 생각하지 말라"고 지시한 결과 1분에 1번 이상 백곰에 대해 생각을 함으로써 원치 않는 생각을 억제하는 것이 쉽지 않음을 나타냈다. 웨그너와 그의 동료들은(Wegner el al., 1987)은 "생각 억제의 모순적 효과로 인해 오히려 억제된 생각에 몰두하게 된다"(p.8)고 이를 설명하였다.

인생에 있어 스트레스를 주는 사건에 대한 노출의 이점은 원하지 않는 어떤 생각을 하지 말아야 한다는 강박감을 막을 수 있다는 점이다(Pennebaker & O'Heeron, 1984). 생각을 억제하려고 열심히 노력하는 사람은 같은 생각을 다른 사람에게 노출하거나 글로 기록하는 사람에 비해 실제로 원치 않는 생각에 더 사로잡히게 될 것이다. 그러므로 자기노출은 충격적 사건을 조직화하고 이해하게 함으로써 그러한 생각으로부터 자유롭게 할 수 있다(Horowitz, 1976; Meichenbaum, 1977; Silver, Boon & Stones, 1983; Silver & Wortmand, 1980).

자기노출과 사회적 지원

펜네베이커의 연구에서도 설명하고 있듯이, 충격적 경험에 대한 자기노출의 심리적 이점은 그 사실을 친한 사람에게 이야기하고, 글로 생각이나 느낌을 적거나, 또는 아무도 없는 데서 마이크에 대고 이야기할 때에도 나타날 수 있다. 그러나 자기노출이 주는 사회적 이점은 다른 사람들이 제공하는 반응에서 얻을 수 있다. 이와 관련해 자기노출이 주는 사회적 지원의 유형을 윌스(Wills, 1985, 1990)가 제시하는 지원의 기능 분류에 근거하여 요약하여 설명해 보도록 하겠다. 자기노출로 인한 사회적 이점은 다음의 내용에서 설명하는 자존감의 지원, 정보적 지원, 수단적 지원, 그리고 동기적 지원으로 분류된다.

자존감의 지원　인생에서의 충격적 경험은 자신의 가치와 그러한 일을 극복할 자신의 능력에 대해 의구심을 갖게 해 자존감을 위협할 수 있다. 다른 사람과 자신의 느낌, 생각을 공유함으로써 얻을 수 있는 가장 중요한 이점은 자신이 어려움을 겪고 있음에도 불구하고, 인정받고, 사랑받고, 가치 있다고 느낄 수 있게 해 준다는 점이다. 자존감의 지원으로 인해 인정받고 있다는 느낌은 충격적인 일에 대한 자신의 걱정을 줄여 줄 수 있고, 인생의 중요한 문제 영역을 스스로 극복할 수 있다는 개인적 믿음을 강화시켜 줄 수 있다(Sarason, Sarason & Pierce, 1990). 자존감의 지원은 정보 수신자가 노출된 정보의 내용을 주의 깊게 듣고 자신의 비슷한 경험을 함께 공유하며, 상대에 대한 비난은 피하고 연민을 표현할 때 이루어질 수 있다(Taylor, Flake, Mazel & Hilsberg, 1988; Wills, 1985).

정보적 지원　상대방으로부터 문제를 듣게 된 사람은 이러한 문제를 해결할 수 있는 정보, 충고 그리고 지침을 제공할 수 있을 것이다. 정보적인 지원의 성공 여부는 어려운 문제를 노출하여 도움을 구하고자 하는 노출자의 자세에 달려 있으며, 이는 정보 수신자로 하여금 정보 노출자의 처지를 더 잘 이해하고 더 나은 지원을 제공할 수 있도록 해 줄 것이다. 예를 들면 암 환자는 암을 극복할 수 있는 방법이나 의학적 정보를 얻기 위해 암과 관련된 정보 지원을 제공할 수 있는 사람들에게 자신의 문제를 얘기하려 할 것이다(Taylor et al., 1988). 또한 나쁜 학점을 받은 학생들은 자신의 공부 방법을 개선시킬 수 있는 방법에 대한 조언을 바라면서 상담선생에게 문제를 이야기할 것이다. 정보적 지원은 누군가가 조언을 해 주고 행동의 지침을 제공해 준다는 점에서 직접적인 영향을 미칠 수 있다. 또한 때때로 다른 사람의 능력과 역량을 자신과 비교 평가하게 함으로써 간접적인 영향을 미치기도 한다(Festinger, 1954 ; Wills, 1985). 예를 들어 사람들은 자신과 비슷한 병을 앓고 있는 사람이 그것을 어떻게 대처하고 있는가를 살펴봄으로써 자신이 병을 극복할 수 있는 방법을 판단할 수 있게 된다는 것이다. 사람들은 자신의 문제를 얼마나 잘 극복하고 있는가를 평가하기 위해 정보를 원할 뿐만 아니라 그러한 평가가 스스로에게 호의적인 것이 되게끔 하고 싶은 욕구 때문에 정보를 원할 수 있는데, 이 경우 정보의 탐색은 자아 고양의 동기에 의해 영향받게 된다(Wills, 1981). 스트레스를 받는 사람들은 자신이 다른 사람들보다 문제에 더 잘 대처하고 있고, 다른 사람들처럼 불행하지 않으며 또한 자신의 문제가 개인적 결함으로 인한 것이 아니라는 사실을 알고 싶어할 수 있기 때문이다.

수단적 지원　몸을 다친 사람이나 아픈 사람들에게 누군가는 음식물 제공이나 자녀의 양육을 돕는 것과 같은 수단적 지원을 제공해 줄 수 있다. 심각한 문제로 인해 지원을 필요로 하는 사람이 이러한 것을 다른 사람에게 말할 수 없거나, 또는 말하려 하지 않는다면 수단적 지원(지원의 가장 가시적 형태)은 제공되지 못할 것이다.

동기적 지원　문제가 쉽게 해결될 수 없다 하더라도 다른 사람들이 격려나 동기를 부여해 줌으로써 문제를 갖고 있는 사람에게 지원을 제공할 수 있다. 예를 들어 자신의 작업 환경에 불만족한 사람이 바로 새로운 직업을 찾거나 작업 환경을 바꾸는 것은 어려울 수 있다. 그러나 그러한 일을 다른 사람과 이야기할 수 있다면 모든 일이 좋아질 것이고, 새로운 직업을 찾는 일도 잘 되어서 '최악의 상황을 극복할 수 있다'는 자신감을 얻을 수 있다. 이런 동기적 지원은 일반적으로 쉽게 포기해 버리거나 낙담하는 경향이 있는 사람을 다독여 충격적 상황과 지속적으로 대면해 나갈 수 있게 한다. 그러나 가까운 사람으로부터 듣게 된 동기적 지원의 말이 진실되지 않거나 너무 허울 좋은 말이라면, 문제를 안고 있는 사람은 오히려 도움이 안 되는 것으로 여기게 된다(Coyne, Wortman & Lehman, 1988).

언제 자기노출은 유익하지 않은가?

스무 살의 빌과 스물한 살의 마크는 주립대학 3학년생이다. 그들은 봄방학을 이용해 함께 플로리다행 비행기를 타고 있었다. 빌은 비행기를 탈 때의 긴장감을 마크에게 이야기했다. 그러자 마크는 예전에 비행기를 탔을 때 비행기의 기계적 문제가 있었던 끔찍한 경험을 이야기했다. 비행기가 이륙했을 때 그들은 모두 편안함을 느끼지 못했다. 비행 공포에 대해 말하는 것은 그들의 마음을 편하게 하기보다 오히려 더욱 불안하게 하였다.

마흔한 살의 앨리스에게는 자녀 둘이 있었지만 3년 전 교통사고로 한 자녀를 잃고 말았다. 앨리스는 지금도 딸을 잃은 슬픔에 잠긴다는 것을 직장의 한 동료에게 말했다. 이 말을 들은 동료는 "너는 네 딸의 죽음을 극복해야만 해. 네 딸은 완전한 삶을 살았고, 너는 건강한 자식을 또 낳을 수 있잖아"라고 말했다. 앨리스는 그런 친구의 말이 전혀 도움이 되지 않음을 느꼈다. 그 뒤로 그녀는 딸의 죽음에 대해 다시는 직장에서 말을 꺼내지 않았다.

우리는 이 장에서 인생에서 경험한 충격적 사건에 대해 말하거나 글로 쓰는 것이 스트레스를 해소하는 데 미치는 긍정적인 심리적, 신체적 효과에 대해 강조하였다. 그러나 자기노출이 도움이 되지 않는 경우를 생각해 볼 필요가 있다. 아래의 내용에서는 자기노출 그 자체가 유쾌하지 않은 느낌을 어떻게 강화시키며, 충격적 사건에 대한 자기노출에 대해 도움이 되지 않는 다른 사람들의 반응이 부정적 감정을 어떻게 악화시킬 수 있는가에 대해 살펴보겠다.

자기 인식을 높이는 상황에서의 자기노출

자기노출은 자신의 어려움에 대한 통찰력과 이해력을 높여 주기 때문에 스트레스에 대처하는 데 유용할 수 있다. 그러나 듀발과 위크런드(Duval & Wicklund, 1972)의 객관적 자기인식 이론 theory of objective self-awareness에 따르면 누군가가 친밀한 내용을 노출하거나 또는 노출할 것이라고 기대될 때 자기인식은 높아지게 된다고 한다. 특히 그러한 정보가 부정적이라면, 그것은 자신에 관한 느낌을 더욱 악화시키는 실제 혹은 가상의 약점과 결점에 주목하게 할 수 있다. 그러므로 높은 수준의 자기노출과 관련된 자기인식은 실제 자아와 이상적 자아 간의 차이에 주목하게 함으로써 개인의 부정적 감정 상태를 악화시킬 수 있을 것이다.

아처, 홀무트, 그리고 베르그(Archer, Hormuth & Berg, 1982)에 의한 실험 결과는 자기인식 상태에서의 친밀한 정보의 노출이 어떻게 부정적인 영향을 미치는가를 보여 주고 있다. 실험 참가자들은 높은 수준의 친밀한 정보를 노출하거나 낮은 수준의 친밀한 정보를 노출하도록 조작되었다. 이때 높은 수준의 친밀한 정보는 자신에 관한 부정적 진술이었고(예 : 내가 행복해지기 위해 다른 사람이 필요한지의 여부, 자기 감정의 기복 상태), 반면 낮은 수준의 친밀한 정보는 자신에 관한 긍정적 진술이었다(예 : 내가 갖고 싶은 직업, 선호하는 여가 시간의 활용 방법). 또한 참가자의 반은 그들의 자기인식을 강화시키기 위해 큰 거울이 앞에 있는 칸막이가 된 작은 방에서, 나머지 반은 거울이 없는 방에서 할당된 내용을 마이크에 대고 이야기하게 했다. 큰 거울이 있는 방에서 높은 수준의 친밀한 정보를 노출하는 조건에 할당된 사람들은 자신의 느낌에 주의를 집중해서 친밀한 내용의 노출과 관련된 부정적 감정이 강화될 것임을 예측하였다.

실험 결과 '거울이 있는 높은 수준의 친밀한 정보 노출' 조건의 응답자들은 자신에 관한 진술에 대해 가장 낮은 수준의 즐거움을 나타냈다. 또한 독립된 판단자의 평가 결과, 이 조건에 있는 응답자들이 가장 높은 수준의 긴장감을 보인 것으로 나타났다. 한편 '거울이 있는 높은 수준의 친밀한 내용'의 조건에 있는 응답자들은 자신에게 주어진 내용을 말하기 시작하는 데 가장 긴 시간을 소요했고, 독립된 판단자의 평가 결과 자신을 가장 불완전하게 묘사하고 있는 것으로 나타났다. 이러한 결과는 친밀한 수준의 자기노출은 자신의 문제점과 곤란한 처지에 주목하게 되는 특정한 상황하에서는(큰 거울 또는 관객이 있는 조건) 부정적 감정을 강화시킬 수 있음을 보여 주는 것이다.

개인적 문제에 초점을 맞추는 자기노출은 즉각적으로는 부정적 감정을 증가시킨다. 그러나 이것은 장기적으로는 긍정적 효과를 가져올 수 있다. 예를 들면 앞서 소개했던 펜네베이커와 빌(Pennebaker & Beall, 1986)의 연구 결과에 의하면, 충격적 사건에 대한 사실과 느낌 모두에 대해 글로 적게 한 결과 비교적 높은 수준의 혈압과 자신에 관한 부정적 느낌을 일으키는 것으로 나타났다. 그러나 6개월 뒤 이 응답자들은 사소한 사건에 대해 적었던 응답자나 충격적 사건이라고 해도 그와 관련된 사실만 또는 느낌만을 적었던 응답자들에 비해 신체적으로 더욱 건강해진 것으로 나타났다(건강센터 방문 횟수가 더 적음).

충격적 사건의 예측에 따른 부정적 느낌의 노출

자기노출의 시기(충격적 사건의 전 또는 후)는 충격적 사건에 대해 대처하는 반응에 영향을 미칠 수 있다. 만일 어떤 사람이 스트레스를 주는 사건을 겪게 될 것이라고 예측한다면, 그러한 사건 전에 자신의 느낌에 대해 말하는 것은 오히려 부정적 느낌을 크게 할 수 있다. 그러나 스트레스를 주는 사건 후 자신의 부정적 느낌을 표현하는 사람은 자신이 경험한 사건에 대한 통찰력을 얻게 됨으로써 긍정적 경험을 하게 될 것이다(Derlega, Margulis & Winstead, 1987; Fread, 1904, 1954; Pennebaker, 1989). 과거 스트레스 대처에 대한 연구에서 자기노출 시기의 영향은 크게 고려되지 않았었다. 그러나 호프볼과 런던(Hofboll & London, 1986), 그리고 코스탄자, 델레가, 윈스티드(Costanza, Derlega & Winstead, 1988)의 연구는 스트레스를 주는 사건을 예측한 자기노출은 유익하지 않을 수 있음을 증명하였다.

그중 호프볼과 런던(Hofboll & London, 1986)의 연구는, 1982년 레바논과 이스라엘의 전쟁 시 남자친구, 남편 또는 친척이 군대에 동원된 경우, 이스라엘 여성이 그 사건에 대처하는 반응을 연구한 것이다. 그들의 연구 결과 이 사건에 대해 말할 친구나 이웃이 있는 경우가 오히려 심리적 고통(이번 한 주 동안의 불안감과 우울함의 상태)이 더 큰 것으로 나타났다. 또한 친구와의 친밀한 정도에 대한 점수(예:'나는 내게 중요한 일에 대해 자유롭게 말할 친구가 있다', '나는 최고라 할 수 있는 친구가 있다')가 높을수록 불안감 역시 높은 것으로 나타났다. 뿐만 아니라 그러한 어려운 시기에 받는 사회적 지원(예:서로 공감하기, 유형적 도움, 또는 조언받기)의 정도 역시 그녀들의 우울한 상태와 긍정적인 상관관계를 갖는 것으로 나타났다.

또한 호프볼과 런던(Hofboll & London, 1986)은 자신과 동일한 어려움(예:전쟁 중인 남성 친척 또는 친구가 있는 것)을 겪고 있는 친구나 이웃들과 자주 접촉하는 것은 '압력솥 효과'를 가져오게 된다는 것을 밝혀냈다. 동일한 어려움을 겪고 있는 사람과 이야기하는 것은 오히려 루머를 퍼뜨리게 하고 전시에 실제로 벌어진 일들을 실제보다 과장시킴으로써 심리적 고충을 더하게 할 수도 있기 때문이다. 게다가 문제에 대한 대처 능력이 뛰어난 성격(상대적으로 높은 자존심과 통제력 점수를 기록함)의 여성들은 친구와의 친밀감이 높아지거나, 사회적 지원을 많이 받을수록 심리적 긴장감이 높아지는 것으로 나타났다. 그러나 문제에 대한 대처 능력이 낮은 성격의 여성들은 친구와의 친밀감, 사회적 지원, 부정적 감정 상태 간에 관련이 적은 것으로 나타났다. 일에 대한 대처 능력이 뛰어난 성격의 여성들은 더 많은 친밀한 관계를 형성하고 있을 수 있다. 때문에 '대처를 잘 하는 성격의 사람'은 다른 사람의 자기노출이나 스트레스가 되는 사건에 대한 이야기를 듣는 수신자가 됨으로써, 친한 친구가 적은 '대처를 잘 못하는 사람'에 비해 감정적 긴장 상태에 이르기 쉬울 것이다 (Hobfoll & London, 1986; Kessler, Mcleod & Wetherington, 1985).

코스탄자, 델레가, 윈스티드(Costanza, Derlega & Winstead, 1988)의 연구 역시 아직 일어나지 않은 스트레스를 주는 사건과 관련된 느낌을 노출하는 것은 매우 높은 수준의 부정적 감정과 관련될 수 있음을 지적하고 있다. 이들은 연구에 앞서 실험 참가자들에게 동성 친구와 함께 참가하도록 요구했으며, 본 연구의 목적은 '자신의 모델 행동을 따라하는 것'과 관련된 것이라고 말하며, 자신의 모델(실험자)이 독거미를 미로에서 나오게 하는 것을 지켜보게 한 후 이를 따라할 것을 요청했다. 실험 참가자들은 독거미를 실제로 다루기 전 시간을 어떻게 보내는가에 따라 다음 세 가지 '대화' 조건 중 하나에 할당되었다. 첫 번째 '대화' 조건에서는 독거미와 관련된 일에 대한 느낌, 두 번째 조건에서는 자신의 모델이 어떻게 독거미 다루는 일을 할 것인가에 관련한 문제 해결에 대한 것, 그리고 마지막 조건의 응답자에게는 독거미와 관련 없는 주제에 대해 친구와 서로 이야기를 나누도록 하였다.

실험 결과, 불안감과 우울감 점수를 기초로 측정된 부정적 감정은 문제 해결에 관한 대화나 주제와 관련 없는 대화를 나눈 집단에 비해 자신의 느낌을 말한 집단에서 더 높은 것으로 나타났다. 독거미에 대한 공포 반응은 (안전한 네트 선 바깥쪽의 카트 안에 있는) 독거미를 얼마나 자신과 가깝게 자기 쪽으로 끌려고 하는가를 기초로 측정하였는데, 측정 결과 문제 해결(64%), 그리고 관련 없는 주제(71%)에 대해 말한 집단보다 느낌에 대해 말한 집단(35%)이 독거미를 가능한 한 가까이 끌려고 하는 데 있어 가장 소극적이었다. 이러한 실험 결과는 스트레스를 줄 것으로 예측되는 사건에 대한 자신의 느낌에 대해 친구와 말하는 것은 문제 해결을 이야기하거나 무관한 내용을 이야기하는 것보다 해롭다는 것을 나타낸다. 한편 일부 실험 참가자들은 독거미 다룰 것을 생각하면서 혼자 기다리는 '혼자' 조건에 할당되었다. 이러한 '혼자'였던 사람들은 느낌에 대해 이야기한 집단과 유사한 반응을 나타냈는데, 문제 해결이나 무관한 내용으로 대화를 나눈 집단에 비해 높은 수준의 불안감과 행동적인 공포 반응을 보였다.

코스탄자와 그의 동료(Costanza et al., 1988)의 연구에서, 실험에 참가한 두 친구 모두는 독거미와 관련된 일을 하는 사람을 따라해 봄으로써 스트레스가 많은 사건을 경험하게 된다. 즉 대화를 나누는 두 사람 모두가 불쾌한 경험을 할 것으로 예측될 때에 상대방에게 자신의 느낌에 대해 말하는 것은 부정적 감정을 확대시키게 된다고 볼 수 있다. 자신의 처지에 맞게 아는 사람들과 상호작용한다는 것은 자신과 동일한 스트레스를 받고 있거나 또는 자신이 받고 있는 스트레스와 전혀 관련 없는 누군가와 이야기한다는 것을 의미한다. 다른 사람의 심리적 상태는 확실히 자신의 부정적인 감정을 효과적으로 줄여 줄 수 있느냐에 영향을 미치며, 그리고 이러한 영향은 특히 서로의 느낌이 공유되고 있다고 느끼는 경우에 그러할 것이다. 같은 걱정을 하고 있는 사람과 상호작용하는 것은 둘 모두의 걱정을 더욱 가중시킬 수 있다. 자신의 배우자나 자녀를 잃은 경우를 생각해 보면, 그 아픔을 경험한 사람은 그 유족뿐이다. 그런 아픔이 덜한 친구에게 자신의 아픈 마음을 털어놓는 것은 부정적인 마음을 줄이는 데 더 효과적일 수 있다. 왜냐하면 들어 주는 친구는 아픈 마음을 털어놓은 친구와 비슷한 경험을 노출해야 한다는 부담감 없이 걱정하는 마음으로 친구의 이야기를 들어 줄 수 있기 때문이다. 이러한 견해와 부합하는 연구 결과로, 델레가, 아브도, 윈스티그, 스윈스(Derlega, Abdo, Winstead & Swinth, 1990)는 자신과 비슷한 스트레스의 사건을 경험했을 것으로 기대치 않는 친구에게 자신의 느낌을 말하는 것은 문제 해결 또는 무관한 주제에 대해 말하는 것에 비해 부정적인 생각을 덜 하게 하는 것으로 나타났다고 하였다. 반면 스트레스를 주는 사건을 겪게 될 것으로 예상되는 친구에게 자신의 느낌을 말하는 것은 다른 어떤 주제로 말하는 집단의 응답자보다 부정적인 생각을 더 많이 갖게 하는 것으로 나타났다.

우리는 지금까지 향후 스트레스가 될 수 있는 사건에 대한 느낌을 노출하는 것이 어떻게 유익하지 않을 수 있는가를 살펴보았다. 그러나 스트레스를 주는 사건을 미리 생각해서 친한 사람 또는 도움을 줄 수 있는 동료에게 말하는 것이 전혀 유익하지 않다고 결론짓는 것은 적절하지 않다. 사실 친한 사람이나 도움을 줄 수 있는 동료들은 유용한 정보를 제공함으로써 노출자로 하여금 다른 사람부터 인정받고 있다는 마음을 갖게 해 스트레스를 유발하는 사건을 잘 처리할 수 있는 능력에 대한 자신감을 높여 줄 수 있다(Sarason et al., 1990). 스트레스가 될 만한 사건을 예상하고 대처하는 전략으로 자기노출의 느낌에만 초점을 맞추는 것의 위험은, 자기노출을 통해 다가올 사건(그 사건은 모호하고, 불확실할 수 있음) 그 자체의 두려움보다 더 큰 두려움을 주는 사건처럼 여기게 된다는 것이다.

'부정적인' 사회적 지원을 제공하는 친밀한 정보 수신자

충격적 사건을 경험한 사람들은 이를 극복할 수 있는 사회적 지원을 얻기 위해 가까운 친구나 친지들에게 이 사실을 말하려 할 것이다. 이 말을 듣게 되는 다른 사람들의 지원 반응은 정보 제공과 물질적 지원뿐만 아니라 위기 시 생기는 특정 욕구들(곤란에 빠진 자신이 인정받고, 보호받고, 이해받고 있다는 느낌을 받는 것)을 충족시켜 줄 수도 있다. 그러나 다른 사람이 제공하는 피드백이 항상 도움이 되는 것은 아니다. 예를 들면 가족 상을 당한 사람들은 상을 치르는 동안 다른 사람들이 건네는 위로의 대부분이 도움이 되지 않았음을 이야기한다(Davidowitz & Myrick, 1984). 또한 암 환자의 경우, 일단 암에 걸린 사실을 알게 되면 다른 사람들이 자신들을 특별하게 대한다는 것을 느끼게 되고, 이러한 변화는 오히려 환자에게 친구나 가족으로부터 소외되고 멀어지고 있다는 느낌을 갖게 한다(Peters Golden, 1982; Wortman & Conway, 1985).

리먼, 엘라드, 그리고 워트먼(Lehman, Ellard & Wortman, 1986)은 4-6년 전에 배우자나 자녀를 교통사고로 잃은 경험이 있는 94명을 대상으로 다른 사람들이 자신들에게 제공한 지원 중에서 도움이 되었던 것과 도움이 되지 않았던 것들에 대해 질문하였다. 그 결과 비슷한 처지의 사람들과의 만남, 자신의 마음을 털어놓을 기회, 걱정거리의 토로, 그리고 다른 사람과 단지 같이 있는 것만으로도 도움이 되었다는 대답이 가장 많이 나왔다. 반면에 도움이 되지 않았다고 가장 많이 답한 것은 충고하기, 기운 내고 힘 내라고 격려하기, 감정 동일시하기(예 : 나도 네 마음 알아)인 것으로 나타났다. 한편 통제 집단의 사람(교통사고로 배우자나 자녀를 잃은 경험이 없는 사람들)들에게는 자녀나 배우자를 잃은 사람들에게 도움을 주고 싶다면 어떤 도움을 줄 것인가에 대해 질문하였다. 그 결과 이러한 통제 집단의 사람들은 충고하기, 기운 내라는 격려와 같은 도움이 되지 않는 방법들은 거의 언급하지 않았다. 대신 근심을 함께하고, 함께 이야기할 기회를 마련하며, 그 사람들과 함께 있어 줄 것이라고 응답했다(사고를 당한 사람들이 도움이 된다고 언급했던 방법들).

즉 통제 집단의 사람들은 어떤 행동이 상을 당한 사람들을 돕는 데 적절한 것인가를 알고 있다는 것을 확인할 수 있었다. 그러나 리먼과 그의 동료들(Lehman et al., 1986)의 연구에서, 교통사고로 상을 당한 사람들이 말한 것에 근거해 보면 다른 사람들은 종종 당사자들에게는 도움이 되지 않는 말이나 행동을 한다는 것을 알 수 있다. 앞으로 지원을 제공할 수 있는 사람들인 잠재적 지원 제공자들은 다른 사람들이 인생에서의 위기가 되는 사건들에게 대해 말하는 것을 들을 때 상당한 불안감과 긴장감을 느낄 수 있다. 이에 잠재적 지원 제공자들은 스스로 당황하게 되고, 따라서 "나는 네가 어떤 마음인지 알아", 또는 "모든 게 다 좋아질 거야"와 같은 진부한 표현을 하게 되며, 효과적인 지원 제공에 어려움을 겪는다(Lehman et a., 1986, p.443). 즉 우리는 우리가 해야 할 적절한 말을 알고 있지만, 항상 그렇게 이야기하는 것은 아닌 것이다.

애시워스, 퍼먼, 차이킨, 그리고 델레가(Ashworth, Furman, Chaikin & Derlega, 1976)는 자신의 개인적 문제만 집중적으로 털어놓은 자기노출이 듣는 사람에게 얼마나 불편함과 스트레스를 줄 수 있는가를 설명하고 있다. 그들의 연구를 살펴보면 먼저 연구 참가자들에게 본 실험이 지각과 관련한 연구의 일부라고 이야기한 뒤, 남성 참가자들에게 남성 실험 보조자가 자신에 대해 2분 동안 이야기하는 것을 듣도록 하였다. 이때 높은 수준의 친밀함 조건에서는 실험 보조자가 자신의 이성 문제와 관련된 개인적 어려움과 관련된 이야기를 하였다. 한편 낮은 수준의 친밀함 조건의 실험 보조자는 대학에서 자신이 듣는 수업 중 하나에 대한 피상적인 이야기를 하였다. 실험 보조자와 실험 참가자 모두는 실험이 처음 시작될 때에는 서로 모르는 사이였다. 이러한 실험 과정이 끝난 후에는 피부 전도성 수준과 심장박동 비율을 통한 심리적 상태와 실험이 진행되는 동안 참가자가 느꼈던 편안함의 정도를 자기 보고 식의 방법으로 측정하였다.

그 결과 실험 참가자는 낮은 수준보다 높은 수준의 친밀함 조건에서 더 높은 수준의 피부전도성 수준, 심장 박동 비율을 나타냈다. 뿐만 아니라 낮은 수준보다 높은 수준의 친밀함 조건에서 더 불편함을 느끼며, 파트너가 자신의 불편함의 정도에 더 큰 영향을 미쳤다고 응답하였다. 또한 낮은 수준의 친밀함 조건(50%)보다 높은 수준의 친밀함 조건(25%)에서 실험 보조자가 자기노출을 하고 난 후, 실험 참가자들이 이에 대해 말로 반응하는 경우가 더 낮은 것으로 나타났다.

애시워스와 그의 동료들(Ashworth et al., 1976)의 이러한 연구 결과는 자신의 문제에 대한 친밀한 정보의 노출이 수신자에게 불편함을 줄 수 있음을 보여 주는 것이다. 이 연구에서 낯선 사람에 의해서 이루어진 친밀한 정보 노출은 부적절하고 일반적이지 않으며, 스트레스를 줄 수 있는 것으로 여겨진다. 그러나 친구나 가족과 같이 가깝고 잘 알고 있는 사이라고 해도 그들로부터 친밀한 정보를 듣게 되면 사랑하는 사람의 문제를 해결해 주어야 한다는 책임감을 느끼게 되기 때문에 역시 스트레스를 받게 될 수 있을 것이다.

친밀한 정보 노출 상대로 몇 명이나 필요한가?

> 라지브는 마흔여덟 살로 경영대학 교수이다. 그는 암을 치료하기 위해 한 학기 동안 휴직을 했었다. 한 학기 후 복직을 했을 때, 많은 친구들이 그의 건강 상태를 묻고 건강 회복을 기원해 주기 위해 그의 연구실을 찾았다. 그들 중 몇몇은 심지어 자신의 건강 문제에 대해 털어놓기도 하였다. 라지브는 그들이 자신에 대해 관심을 가져 주는 것이 흡족하기도 했지만 자신의 병에 대해 반복적으로 말하는 것이 피곤하게 느껴지기도 하였다.

기존 연구 결과에 따르면, 자신의 인생에서 충격적 사건에 대해 말할 수 있는 상대가 있는 사람은 그렇지 않은 사람에 비해 일반적으로 더 건강하다는 것을 확인할 수 있다(Brown, Bhrolchain & Harris, 1975; Lowenthal & Haven, 1968; Miller & Lefcourt, 1983). 그렇다면 자신의 마음을 털어놓을 사람은 몇 명 정도 있는 것이 충분할까?

자신이 보살핌받고, 사랑받고, 존중받고 있다는 느낌은 사회적 지원의 가장 중요한 부분이다(Reis, 1990; Sarason et al., 1990). 배우자나 가족, 또는 가까운 친구와 같이 자신의 마음을 털어놓을 중요한 한 사람이 있는 것만으로도, 아마도 많은 경우에 있어서 이러한 지원을 받기에 충분할 것이다. 그러나 우리는 인생에 있어 다양한 일들을 겪어 나가야 한다는 점을 감안하면, 한 명의 친밀한 사람이 모든 일에 필요한 사회적 지원을 만족시켜 주리라는 기대는 비현실적인 것이 된다. 예를 들면 몸이 아플 때에는 많은 유형의 지원이 요구된다. 암 환자의 경우라면 남편이 자신을 염려하고 있는가를 확인해 보기 위해서 남편과 함께 자신의 병에 대해 의논하기를 원할 것이다. 그러나 그녀는 또한 자신과 비슷한 경험을 하는 다른 사람들과 걱정을 공유하고, 그들로부터 조언을 구하거나 치료법을 얻기 위해 자신의 어려움에 대해 이야기하는 것도 필요할 것이다(Taylor et al., 1988).

스톡스(Stokes, 1983)는 친밀한 상대의 수와 사회적 지원 간에는 오목한 곡선(U자 형)의 관계가 있는 것을 발견하였다. 즉, 자신의 사회적 네트워크에 대한 만족은 친밀한 상대가 일곱 명일 때까지는 증가하나, 그 이상이 되면 친밀한 상대와 만족 간에는 관련성이 없어지는 것으로 나타났다. 한 명 이상의 친밀한 상대를 갖는 것은 많은 이점을 제공한다. 만일 한 명의 친밀한 상대가 함께할 수 없다면, 다른 사람과 함께할 수 있다. 또한 여러 사람은 각각 다른 형태의 지원을 제공할 수 있다(우리가 어려움에 처해 있을 때, 친구의 경우라면 이 일에 대해 염려를 표하고 정신적 도움을 주는 친구를, 친지의 경우라면 금전적 도움을 제공하는 친지를 더 높이 평가할 것이다). 그러나 친밀한 상대(또는 가까운 사회적 관계)가 너무 많다면, 그러한 관계를 만들고 유지하는 비용(예:다른 사람을 위해 지원을 제공해야 할 의무)이 그러한 관계로부터 얻을 수 있는 잠재적 이익보다 커지게 될 것이다(Stokes, 1983). 예를 들면 앞에서 언급했듯이 호프볼과 런던(Hobfoll & London, 1986)의 연구에서도 남자친구나 친척이 전쟁에 나간 이스라엘 여성은 자신과 같은 처지에 있는 친구가 많을수록 더 큰 스트레스를 받는 것으로 나타났다.

결론

자기노출 연구 분야의 개척자이자 임상심리학자인 시드니 주랄드(Sidney Jourard, 1971b)는 "자기노출 수준 및 정도와 발병률 및 조기사망률 간의 관련성에 대한 양상과 정도를 적절하게 통제된 실험으로 증명해 보일 수 있는 때가 멀지 않았다"(p.36)라고 이야기했다. 우리는 이 장에서 자신의 충격적이고 끔찍한 사건 경험과 관련된 마음 깊은 곳의 비밀을 노출하는 것이 제공할 수 있는 이점에 대해서 살펴보았다. 특히 끔찍한 사건을 경험한 사람들을 대상으로 한 펜네베이커의 연구 결과로, 그러한 경험을 털어놓을 수 있는 사람은 그것에 대한 생각과 느낌을 감출 때 발생하는 심리적 스트레스를 감소시킬 수 있음을 알 수 있었다.

한편 자기노출자의 고충을 알지 못하는 사람에게 정보를 노출한다면, 그럴 경우의 자기노출은 사회적 지원을 얻기 위한 적절한 수단이 되지 못할 수도 있다. 친밀한 상대에 대한 자기노출이 줄 수 있는 사회적 이점은 사회적으로 자존감의 지원, 정보적 지원, 수단적 지원, 그리고 동기적 지원을 제공해 준다는 점이다.

이러한 자기노출의 이점에도 불구하고 개인적인 충격적 사건을 다른 사람에게 말하는 것은 위험을 초래할 수 있다. 부정적 감정의 노출은 적어도 일시적으로는 말하는 사람에게 불편함을 느끼게 함으로써 듣는 사람까지도 당황스러움과 충격을 느끼게 할 수 있기 때문이다. 자기노출과 관련된 또 다른 위험 요인은 정보 수신자가 노출 내용을 듣고 부정적 느낌을 떠올리게 되면, 정보 노출자는 이로 인해 거부당하는 것 같은 느낌을 경험할 수 있다는 점이다. 그러나 전반적으로 자기노출이 주는 이점은 명백하다. 자신에게 스트레스가 된다고 여겨지는 개인적 일에 대한 정보를 노출하는 것은 자존감과 그러한 스트레스에 대처할 능력을 높일 뿐만 아니라 자신을 보다 건강하게 해 준다는 점이다.

6

에필로그

> 스물두 살의 코니와 스물네 살의 켄은 서로 사귄 지 다섯 달 정도 되었다. 그들은 함께 데이트하는 것이 즐거웠고, 약혼에 대해서도 가끔씩 이야기한다. 그러나 켄이 걱정하고 있는 문제에 대해 코니가 얘기하면, 켄은 코니의 말을 무시하는 경향이 있다. 코니는 이 점을 걱정하고 있다. 예를 들어 켄은 대학 졸업 후 취업을 하는 데 어려움을 겪고 있어 코니는 켄이 취업을 걱정하고 있을 거라고 생각하지만, 그는 그 문제에 대해 코니와 이야기하기를 꺼린다. 코니는 켄이 자신의 도움을 필요로 한다면 자신의 도움에 의지해도 된다는 것을 알아 주었으면 한다. 그녀는 자신들의 중요한 문제를 서로 이야기할 수 없다는 점이 걱정스럽기만 하다.

앞에 소개된 코니와 켄의 이야기는 우리가 이 책의 전체적인 내용을 통해 살펴보았듯이 자기노출에 대한 의사결정이 다른 사람과의 관계에 영향을 줄 수 있음을 나타낸다. 자기노출은 상대방이 자신에 대해 얼마나 많이 알게 되는가를 결정할 뿐만 아니라 자신이 상대방에 대해 어떻게 생각하고 느끼는가에 대한 상대방의 인상 형성에도 영향을 미칠 수 있다. 책을 마무리하면서 지금까지의 내용을 복습하는 의미로, 다음의 참-거짓 테스트를 실시해 볼 것을 권한다. 또한 당신은 자기노출에 대한 일반적인 생각들이 실제 연구 결과와 얼마나 일치하는가를 알아보기 위해, 이 책을 읽지 않은 사람에게 이 퀴즈를 풀게 할 수도 있다. 퀴즈 뒤에 이 책을 마무리하는 몇 가지 우리 생각을 밝힐 것이다.

자기노출 퀴즈(참 또는 거짓)

아래의 질문에 참 또는 거짓으로 응답하시오.

(1) 대화에서 자기노출의 수준은 상대방과의 친밀함 또는 가까움의 수준으로 정의된다.

(2) 자기노출의 주요한 기능 또는 목적은 스트레스를 주는 사건을 경험한 후 자신의 감정을 표현하기 위한 것이다.

(3) 자신에 대해 얼마나 노출했는가는 오직 자기노출자의 정보 노출 의도에 의해서만 결정된다.

(4) 자기노출의 내용은 평가적 자기 정보(즉 개인적 감정, 판단, 의견)만을 의미한다.

(5) 누군가가 자신에 관한 개인적 정보를 노출한다면, 자기노출자와 수신자의 관계는 반드시 가까운 관계로 발전할 것이다.

(6) 사람들이 가까운 관계로 발전하는 과정에서, 시간이 지남에 따라 자신에 대해 점차적으로 노출하는 것이 자기노출의 유일한 형태이다.

(7) 남녀의 문화적 차이에 대한 고려는 자기노출 행동 시 성별과 관련되어 나타나는 차이를 이해하는 데 유용할 것이다.

(8) 자기노출의 프라이버시 조절 모델에 따르면, 프라이버시는 개인이 다른 사람과 교환하는 정보의 종류와 양에 대한 통제 정도를 나타낸다.

(9) 유년 시절 부모님과 겪은 경험은 성인이 된 후 자신과 관계 있는 상대방에 대한 자기노출 의도에는 영향을 미치지 못한다.

(10) 서로 연인 관계에 있는 사람들은 자신의 파트너와 '말하지 못할' 특정한 대화 주제가 있다고 생각하지 않을 것이다.

(11) 자식이 어머니나 아버지 한쪽과만 나누는 비밀을 갖고 있을 때, 이것이 가족에게 미치는 부작용은 없다.

(12) 자신의 인생에서 충격적 사건을 경험한 사람들은 그러한 충격적 경험을 다른 사람에게 털어놓는 것이 건강에 도움이 된다.

퀴즈의 정답은 다음과 같다.

(1) 거짓. 자기노출의 수준이 관계의 친밀함 또는 가까움과 동일한 의미를 갖는 것은 아니다. 물론 자기노출은 가까운 관계로 발전하는 데 기여한다(예: 상대방이 자신과 서로 얼마나 좋은 관계를 형성하고 싶어하는가에 대해 추론하게 하고, 서로의 관계에서 발생하는 문제 해결에 도움이 됨). 그러나 사람들은 꼭 친밀한 내용을 교환하지 않고도 서로 가까움을 느낄 수 있다(예: 첫눈에 사랑에 빠진 사람, 함께 많은 활동을 같이 한 사람, 또는 갈등 없이 의견의 차이를 풀 수 있는 사람).

(2) 거짓. 스트레스를 주는 사건을 경험한 후에 자신의 감정을

표현하는 것도 자기노출의 주요한 기능이 될 수 있다(카타르시스를 얻기 위해). 그러나 자기노출에는 그 이외의 많은 기능과 목적이 있다. 우리는 자기노출을 통해 자신에 대해 더 잘 알리고 싶은 누군가에게 일종의 신호를 보낼 수도 있고, 개인적 어려움에 처했을 때에 친구나 사랑하는 사람으로부터 도움을 받게 할 수도 있다. 또한 우리는 자기노출을 통해, 자신에 관한 누군가의 판단에 영향을 미침으로써 우리 자신에 관한 좋은 인상을 형성할 수도 있다.

(3) 거짓. 자기노출에 대한 의사결정이 자기노출자에 의해서만 결정되는 것은 아니다. 서로 가까운 관계에 있는 자기노출자와 정보 수신자 간에는 그들이 서로 말할 것에 대해 협의를 하게 된다. 게다가 자기노출이 일어난 후에도, 그 결과는 노출된 정보에 근거하여 관계 당사자 각각에 대해서 뿐만 아니라 관계 그 자체에도 영향을 미치게 된다. 그러므로 관계 당사자 모두 특정 주제에 대해서는 서로 이야기하는 것을 꺼리게 될 수 있다(예:자신의 데이트 상대가 자신뿐 아니라 다른 사람과 성적인 관계에 있을지도 모른다). 왜냐하면 관계 당사자 모두는 노출된 정보가 그들 관계에 던지는 중요한 시사점들에 당장 잘 대처해 나갈 수 없기 때문이다.

(4) 거짓. 평가적 자기노출(특히 "나는 매우 걱정돼"와 같은 개인적 느낌을 표현하는 것)은 자기노출의 중요한 차원이다. 그러나 그 외에도 서술적 자기노출("나는 봄 휴가 기간 중 일주일을 플로리다에서 보냈어", 또는 "나는 시험에서 낙제했어"와 같은 자신에 관한 정보

나 사실), 관계적 자기노출(관계 그 자체, 또는 상대방과의 상호작용에 대한 자신의 생각과 느낌에 대한 공개)과 같은 다른 유형의 자기노출도 존재한다. 관계적 자기노출은 누군가와의 관계를 잘 유지하고, 관계에서 생기는 갈등에 효과적으로 대처할 수 있게 하는 중요한 요소이다.

(5) 거짓. 자기노출은 정보 수신자에게는 자기노출자가 보다 가까운 관계로 발전하고 싶어 한다는 일종의 신호가 된다. 그러나 정보 수신자는 공개된 메시지, 상대방과 관계를 맺고 지낸 기간, 그리고 자기노출자의 특성 및 의도 등과 같은 다양한 요인들을 바탕으로 노출된 정보에 반응할 것이다. 이 점과 관련해서는 자기노출과 (이 책의 2장에서 소개된) 상호 변형 과정을 통해 상호작용이 형성되는 가까운 관계와의 관련성을 생각해 보는 것이 유용할 것이다. 즉, 이 말은 자기노출은 관계 정의와 방향에 영향을 미칠 수 있고, 또한 관계 정의, 호감, 관계 목적, 정보 공개자의 행동, 호감에 대한 귀인 등과 같은 다양한 상호 변형 요인들은 자기노출의 의미와 효과에 영향을 미칠 수 있다는 점에서 자기노출과 관계는 지속적으로 상호작용함을 의미하는 것이다.

(6) 거짓. 사람들은 관계가 발전함에 따라 자신에 대해 점차적으로 공개하게 된다는 사회침투 이론은 일반적인 견해이다. 그러나 관계가 발전할 때 이러한 점진적 자기노출의 형태 이외 다른 형태의 자기노출 역시 일어날 수 있다. 예를 들면 처음에는 자기노출이 선형적으로 증가하나 첫 자기노출 이후에는 뚜렷

하게 감소하는 유형, 또는 처음부터 매우 개인적인 정보의 노출이 이루어졌다가 나중에는 계속 이러한 수준을 유지하거나 심지어 다소 떨어지는 유형의 자기노출이 존재할 수 있다.

(7) 참. 유년 시절부터 남자아이와 여자아이는 각각 성별에 따라 서로 다른 행동에 대해 칭찬 듣고 보상받는 환경에서 동성의 또래 친구와 함께 놀이를 하면서 사회화되는 경향이 있다. 이러한 환경에서 남자아이들이 자신감 있고, 이성적이며, 자제력을 잃지 않을 때 보상을 받게 된다면, 이들은 자기노출의 가치를 낮게 평가하게 될 것이다. 반면에 여자아이들이 상냥하고, 다른 사람의 요구를 잘 이해할 때 보상을 받게 된다면, 이들은 자신의 감정을 표현하는 것을 가치 있게 생각할 것이다. 이러한 이유로 인해, 특히 대인관계에서 스트레스나 갈등을 경험하게 될 때 남성과 여성은 자신의 성별과 관련된 정형화된 의사소통 방식에 의존하게 되며, 이러한 의사소통 방식은 상대방과의 관계에서 오해나 불만족을 유발시킬 것이다.

(8) 참. 자신에 관한 정보나 느낌을 노출하는 것은 위험을 가져올 수 있다. 노출된 정보의 수신자는 이러한 정보를 알아서는 안 될 사람에게 누설할 수도 있다. 또 어떤 사람은 특정한 정보를 듣게 되었을 때 당황할 수도 있다. 이를 조절하는 역할을 하는 은유적 표현 '영역'에 의해(예: 노출될 메시지 내용을 어떻게 포장할 것인가를 결정함으로써 아무도 자신이 말한 것을 알지 못할 것이라는 것을 확신함) 정보 노출자는 자기노출과 관련된 위험성을 줄여 가는 것이다.

(9) 거짓. 다른 사람과 가까워지는 것을 오히려 불편하게 생각하는 '회피적 성향'의 사람은 '안정적 성향', '불안/회피적 성향'인 사람에 비해 보다 더 자신에 관한 정보를 감추려 할 것이다. 이러한 결과가 나타나는 이유 중의 하나는 회피적 성향의 사람은 자녀의 요구에 무관심한 부모 아래서 성장했을 것이고, 이것이 친밀함에 대한 두려움과 신뢰가 결핍된 관계 모델을 발전시키게 했기 때문이라는 것이다.

(10) 거짓. 우리는 데이트하고 있는 많은 커플들에게 자신에 관한 높은 수준의 개인 정보를 노출하도록 하는 '공개의 윤리'에 대한 개념을 앞의 4장의 내용에서 언급하였다. 그러나 사람들은 이성과의 관계에서 특정한 주제에 대해서는 서로 이야기하는 것이 금기시되어 있다고 생각할 수 있다(예 : 관계의 단계, 자신 또는 상대방의 다른 이성 관계).

(11) 거짓. 자녀들이 부모님들에게 비밀을 갖게 되고, 어떤 정보를 은폐하며, 다른 가족들을 속이려 할 때 가족 간에는 긴장감이 감돌게 된다.

(12) 참. 자신이 경험한 충격적 사건과 관련된 내용을 적극적으로 회피하고 노출하려 하지 않는 것은 생리학, 심리학적 문제와 관련된다. 즉 그러한 충격적 사건에 대한 자신의 생각과 느낌을 감추는 것은 신체에 스트레스를 주게 되며, 본인에게 무슨 일이 일어났는가에 대해 이해하는 것을 어렵게 만든다. 자기노출이라는 수단을 통해 충격적 사건에 직면하는 것은 신체의 전반적인 스트레스 수준을 낮춰 주며, 충격적 사건을 이해할 수

있도록 도와준다.

결론

어떻게 관계 당사자들이 자신들이 말할 시기, 방법, 내용 등을 타협하는가에 대한 이해를 포함하여, 서로의 관계에서 나타나는 자기노출에 대한 많은 부분이 여전히 연구될 분야로 남아 있다. 관계 당사자 간의 자기노출을 결정하는 규칙과 규범은 무엇인가?(예: 파트너 사이에 금기시되는 주제가 있다면 이러한 내용이 노출되어질 수 있는 환경은 무엇인가?) 자신이 경험한 충격적 사건을 노출함으로써 얻는 이점은 단지 자신과 친밀한 사람에게 이야기했을 때만 얻을 수 있는 것인가? 예를 들면 아무도 없는 곳에서 마이크 같은 것을 붙잡고 혼자 떠들어대는 것만으로 충분한가? 고해하는 형식으로 임상학자 또는 성직자에게 하는 자기노출은 노출자에게 어떤 영향을 주는가?

이 책의 내용과 퀴즈에서 당신이 거둔 좋은 성적(우리는 그러길 바란다)은 자기노출이 관계에 미치는 영향에 대해 많은 것을 배웠음을 나타낸다. 특히 2-5장에 제시된 주요 주제들에 대한 논의를 통해 우리는 (a) 가까운 관계와 자기노출은 상호 변형적이고, (b) 남녀 간 문화적 차이는 자기노출에 영향을 미치며, (c) 사람들은 자기노출 시 프라이버시를 조절하며, 마지막으로 (d) 자기노출은 스트레스에 대처하고 사회적 지원을 받는 데 유용할 수 있음(스트레스를 줄여 주는 자기노출)을 알게 되었다. 이를 통해 우리는 대인관계에서 자기노출의 역할을 더욱 잘 이해할 수 있게 되었으며, 친밀한 관계는 어떻게 운영되는지를 보다 잘 이해할 수 있게 되었다.

마지막으로 이 책을 마무리하기 전에 인간과 다른 동물과의 유사점에 대해 잠시 생각해 보기로 하자. 인간처럼 다른 많은 동물들이 집을 짓고, 새끼를 양육하며, 자원을 놓고 다투고, 서로 간의 관계를 형성한다. 또한 인간처럼 다른 많은 동물들도 그들이 고통스럽고, 놀랍고, 먹이에 만족할 때 서로 커뮤니케이션할 수 있는 능력을 갖고 있다. 그러나 인간은 자신의 과거 또는 미래의 생각과 느낌을 고려할 수 있고, 또한 이러한 내용을 다른 사람에게 노출할지의 여부를 결정할 수 있다는 점에서는 아마도 유일한 존재일 것이다. 많은 연구자들처럼 우리도 자기노출이 지닌 긍정적 측면과 부정적 측면의 비중을 맞추는 데 신중을 기하였다. 그러나 중요한 점은, 자기노출은 거부, 오해, 당혹감, 배반과 같은 위험 요인들을 내포하고 있음에도 불구하고 다른 사람들을 이해하고, 다른 사람에게 자신을 이해시킬 수 있는 기회를 제공한다. 자기노출 그 자체가 친밀하고 가까운 관계 형성을 위한 충분조건은 아니지만 그러한 관계 형성을 위한 상황을 제공한다. 때문에 자기노출은 인간 상호작용의 독특한 특성을 이해하는 데 있어 매우 중요한 요소이다.

참고문헌

Ainsworth, M. D. S., Blehar, M. C., Waters, E. & Wall, S. 1978. *Patterns of attachment: A psychological study of the strange situation.* Hillsdale, NJ: Lawrence Erlbaum.

Alberts, J. 1998. An analysis of couples conversational complaints. *Communication Monographs*, 55: pp.184-197.

Altman, I. 1973. Reciprocity of interpersonal exchange. *Journal for the Theory of Social Behavior*, 3: pp.249-261.

Altman,I. 1975. *The environment and social behavior.* Belmont, CA:Brooks/Cole.

Altman, I. & Talyor, D. A. 1973. *Social penetration: The development interpersonal relationships.* New York: Holt, Rinehart & Winston.

Altman, I., Vinsel, A. & Brown, B. H. 1981. Dialectic conceptions in social psychology: An application to social Penetration and privacy regulation. In L. Berkowitz. Ed. *Advances in experimental social psychology* (Vol. 14: pp.107-160). New York: Academic Press.

Archer, R. L. 1987. Commentary: Self-disclosure, a very useful behavior. In V. J. Derlega & J. H. Berg, Eds. *Self-disclosure: Theory, research, and therapy* (pp.329-342). New York: Plenum.

Archer, R. L. & Burleson, J. A. 1980. The effects of timing and responsibility of self-disclosure on attraction. *Journal of Personality*, 38: pp.120-130.

Archer, R. L., Hormuth, S. E. & Berg, J. H. 1982. Avoidance of self-disclosure: An experiment under conditions of self-awareness. *Personality and Social Psychology Bulletin*, 8: pp.122-128.

Argyle, M. & Dean, J. 1965. Eye-contact, distance and affiliation. *Sociometry*, 28: pp.289-304.

Aries, E. J. & Johnson, F. L. 1983. Close friendship in adulthood: Conversational content between same-sex friends, *Sex Roles*, 9: pp.1183-1196.

Ashworth, C., Furman, G., Chaikin, A. L. & Derlega, V. J. 1976. Physiological responses to self-disclosure. *Journal of Humanistic Psychology*, 16: pp.71-80.

Baile, S. 1984, February. *A quantitative study of the consequences of self-disclosure.* Paper presented at the Annual Meeting of the Western Speech Communication Association, Albuquerque, NM.

Bavelas, J. B. 1983. Situations that lead to disqualification. *Human Communication Research*, 9: pp.130-145.

Baxter, L. A. 1979. Self-disclosure as a disengagement strategy. *Human communication Research*, 5: pp.215-222.

Baxter, L. A. 1983. Relationship disengagement: An examination of the reversal hypothesis. *Western Journal of speech Communication*, 47: pp.85-98.

Baxter, L. A. 1987. Self-disclosure and relationship disengagement. In V. J. Derlega & J. H. Berg. Eds. *Self-disclosure: Theory, research, and therapy* (pp.155-174). New York: Plenum.

Baxter, L. A. 1990. Dialectical contradictions in relationship development. *Journal of Social and Personal Relationships*, 7: pp.69-88.

Baxter, L. A. 1991, May. *Thinking dialogically about personal relationships.* Paper Presented at the Conference of the International Network on Personal Relationships, Normal, IL.

Baxter, L. A. & Wilmot, W. W. 1984. "Secret tests": Social strategies for acquiring information about the state of the relationship. *Human Communication Research*, 11: pp.171-201.

Baxter, L. A. & Wilmot, W. W. 1985. Taboo topics in close relationships. *Journal of Social and Personal Relationships*, 2: pp.253-269.

Bem, D. 1972. Self-perception theory. In L. Berkowitz. Ed. *Advances in experimental social psychology*(Vol. 6: pp.1-62). New York: Academic Press.

Berg, J. H. 1984. The development of friendships between roommates. *Journal of Personality and Social Psychology*, 46: pp.346-356.

Berg, J. H. 1987. Responsiveness and self- disclosure. In. V. J. Derlega & J. H. Berg. Eds. *Self-disclosure: Theory, research, and therapy*(pp.101-130). New

York: Plenum.

Berg, J. H. & Archer, R. L. 1980. Disclosure or concern: A second look at liking for the norm-breaker. *Journal of Personality*, 48: pp.245-257.

Berg, J. H. & Archer, R. L. 1983. The disclosure-liking relationship: Effects of self-perception, order of disclosure, and topical similarity. *Human Communication Research,* 10: pp.269-281.

Berg, J. H. & Clark, M. S. 1986. Differences in social exchange between intimate and other relationships: Gradually evolving or quickly apparent? In V. Derlega & B. A. Winstead. Eds. *Friendship and social interaction* (pp. 101-128). New York: Springer Verlag.

Berg, J. H. & McQuinn, R. D. 1986. Attraction and exchange in continuing and noncontinuing dating relationships. *Journal of Personality and Social Psychology,* 50: pp.942-952.

Berger, C. R. 1987. Communicating under uncertainty. In M. E. Roloff & G. R. Miller. Eds. *Interpersonal processes: New directions in communication research*(pp.39-62). Newbury Park, CA: Sage.

Berger, C. R. & Bradac, J. J. 1982. *Language and social Knowledge: Uncertainty in interpersonal relations.* London: Edward Arnold.

Bochner, A. P. 1982. On the efficacy of openness in closed relationships. In M. Burgoon. Ed. *Communication yearbook* 5(pp.109-124). New Brunswick, NJ: Transaction Books.

Bok, S. 1984. *Secrets: On the ethics of concealment and revelation.* New York: Vintage.

Bowlby, J. 1969. *Attachment and loss: Vol. 1. Attachment.* London: Hogarth.

Bradbury, T. N. & Fincham, F. D. 1989. Behavior and satisfaction in marriage: Prospective mediating processes. In C. Hendrick. Ed. *Close relationships*(pp.1 19-143). Newbury Park, CA: Sage.

Braithwaite, D. O. 1991. "Just how much did that wheelchair cost?": Management of privacy boundaries by persons with disabilities. *Western Journal of Speech Communication,* 55: pp.254-274.

Brown, G. W., Bhrolchain, M. & Harris, T. 1975. Social class and psychiatric disturbance among women in an urban population. *Sociology*, 9: pp.225-253.

Burgoon, J. K., Parrott, R., Le Poire, B. A., Kelley, D. L., Walther, J. B. & Perrey, D. 1989. Maintaining and restoring privacy through communication in different types of relationships. *Journal of Social and Personal Relationships,* 6: pp.131-158.

Caldwell, M. A. & Peplau, L. A. 1982. Sex differences in same-sex friendship. *Sex Roles,* 8: pp.721-732.

Chaikin, A. L. & Derlega, V. J. 1974. Liking for the norm-breaker in self-disclosure. *Journal of Personality,* 42: pp.117-129.

Chelune, G. J. 1976. Reactions to male and female disclosure at two levels. *Journal of Personality and Social Psychology,* 34: pp.1000-1003.

Chelune, G. J., Robinson, J. T. & Kommor, M. J. 1984. A cognitive interactional model of intimate relationships. In V. J. Derlega. Ed. *Communication, Intimacy, and close relationships*(pp.11-40). Orlando, FL: Academic Press.

Chelune, G. J., Skiffington, S. & Williams, C. 1981. Multidimensional analysis of observers' perceptions of self-disclosing behavior. *Journal of Personality and Social Psychology,* 41: pp.599-606.

Chelune, G. J., Waring, E, M., Vosk, B. N., Sultan, F. E. & Ogden, J. K. 1984. Self-disclosure and its relationships to marital intimacy. *Journal of Clinical Psychology,* 40: pp.216-219.

Chesler, M. A. & Barbarin, O. A. 1984. Difficulties of providing help in a crisis: Relationships between parents of children with cancer and their friends. *Journal of Social Issues,* 40(4): pp.113-134.

Collins, N. L. & Miller, L. C. 1991. *The disclosure-liking link: Form meta-analysis towards a dynamic reconcoptualization.* Unpublished manuscript, University of Southern California, Los Angeles.

Coopersmith, E. I. 1985. Teaching trainees to think in triads. *Journal of Marital and Family Therapy,* 11: pp.61-66.

Costanza, R. S., Derlega, V. J. & Winstead, B. A. 1985. Positive and negative forms of social support: Effects of conversational topics on coping with stress among same-sex friends. *Journal of Experimental Social Psychology,* 24: pp.182-193.

Coupland, J., Coupland, H., Giles, H. & Wieman, J. 1998. My life in your hands: Processes of self-disclosure in intergenerational talk. In N. Coupland. Ed. *Styles of discourse*(pp.201-253). London: Croom Helm.

Coyne, J. C., Wortman, C. B. & Lehman, D. R. 1998. The other side of support: Emotional over involvement and miscarried helping. In B. H. Gottlieb. Ed. *Marshaling social support: Formats, processes, and effects* (pp.305-330). Newbury Park, CA: Sage.

Davidowitz, M. & Myrick, R. D. 1984. Responding to the bereaved: An analysis of "helping" statements. *Research Record,* 1: pp.35-42.

Davis, J. D. 1978. When boy meets girl: Sex roles and the negotiation of intimacy in an acquaintance exercise. *Journal of Personality and Social Psychology,* 36: 684-692.

Deaux, K. & Major, B. 1987. Putting gender into context: AN interactive model of gender-related behavior. *Psychological Review,* 94: pp.369-389.

Derlega, V. J., Abdo, D., Winstead, B. A. & Swinth, H. 1990. *Effects of topic of conversation and similarity of experience on coping with stress.* Unpublished manuscript, Old Dominion University, Norfolk, VA.

Derlega, V. J. & Chaikin, A. L. 1976. Norms affecting self-disclosure in men and women. *Journal of Consulting and Clinical Psychology,* 44: pp.376-380.

Derlega, V. J. & Chaikin, A. L. 1977. Privacy and self-disclosure in social relationships. *Journal of Social Issues,* 33(3): pp.102-115.

Derlega, V. J. & Grzelak, J. 1979. Appropriateness of self-disclosure. In G. J. Chelune. Ed. *Self-disclosure: Origins, patterns, and implications of openness in interpersonal relationships*(pp.151-176). San Francisco: Jossey-Bass.

Derlega, V. J. & Margulis, S. T. 1982. Why loneliness occurs: The inter-relationship of social psychological and privacy concepts. In L. A. Peplau & D. Perlman. Eds. *Loneliness: A sourcebook of current theory, research and therapy*(pp.152-165). New York: Wiley-Interscience.

Derlega, V. J., Margulis, S. T. & Winstead, B. A. 1987. A social-psychological analysis of self-disclosure in psychotherapy. *Journal of Social and Clinical Psychology,* 5: pp.205-215.

Derlega, V. J., Wilson, J. & Chaikin A. L. 1976. Friendship and disclosure reciprocity. *Journal of Personality and Social Psychology,* 34: pp.578-582.

Derlega, V. J., Winstead, B. A., Wong, P. T. P. & Greenspan, M. 1987. Self-disclosure and relationship development: An attributional analysis: In M. E. Roloff & G. R. Miller. Eds. *Interpersonal processes: New directions in communication research*(pp.172-187). Newbury Park, CA: Sage.

Derlega, V. J., Winstead, B. A., Wong, P. T. P. & Hunter, S. 1985. Gender effects in an initial encounter: A case where men exceed women in disclosure. *Journal of Social and Personal Relationships,* 2: pp.25-44.

Dindia, K. & Allen, M.(in press). Sex differences in self-disclosure: A meta-analysis, *Psychological Bulletin.*

Duck, S. W. 1982. A topography of relationship disengagement and dissolution. In S. W. Duck. Ed. *Personal relationships 4: Dissolving personal relationships*(pp.1-29). New York: Academic press.

Duval, S. & Wicklund R. A. 1972. *A theory of objective self-awareness.* New York: Academic press.

Festinger, L. 1954. A theory of social comparison process. *Human Relations,* 5: pp.117-140.

Fishbein, M. J. & Laird, J. D. 1979. Concealment and disclosure: Some effects of information control on the person who controls. *Journal of Experimental Social Psychology,* 15: pp.114-121.

Fleming, R., Baum, A., Gisriel, M. M. & Gatchel, R. J. 1982. Mediating influences of social support at Three Mile Inland. *Journal of Human stress,* 8(3): pp.14-22.

Freud, S. 1904/1954. *The origins of psychoanalysis.* New York: Basis Books.

Gilbert, S. J. 1977. Effects of unanticipated self-disclosure in recipients of varying levels of self-esteem: A research note. *Human Communication Research,* 3: pp.368-371.

Gottlieb, B. H. & Wagner, F. 1991. Stress and social support in close relationships. In J. Ekhenrode. Ed. *The social context of coping* (pp.165-188). New York: Plenum.

Gottman, J. M. 1979. Marital interaction: Experimental investigations. New York: Academic Press.

Gottman, J, M. & Krokoff, L. J. 1989. Marital interaction and satisfaction: A longitudinal view. *Journal of Consulting and Clinical Psychology,* 57: pp.47-52.

Gottman, J. M. & Porterfield, A. L. 1981. Communicative competence in the nonverbal behavior of married couples. *Journal of Marriage and the Family,* 43: pp.817-824.

Green, S. K. & Sandos, P. 1983. Perceptions of male and female initiations of relationships. *Sex Roles,* 9: pp.849-852.

Grice, H. P. 1975. Logic and conversation. In P. Cole & J. L. Morgan. Eds. *Syntax and semantics: Vol. 3. Speech acts*(pp.41-58). New York: Seminar.

Harvey, J. H., Weber, A. L. & Orbuch, T. L. 1990. *Interpersonal accounts: A social psychological perspective.* Cambridge, MA: Basil Blackwell.

Hays, R. B. 1985. A longitudinal study of friendships development. *Journal of Personality and Social Psychology,* 48: pp.909-924.

Hazan, C. & Shaver, P. 1987. Romantic love conceptualized as an attachment process. *Journal of Personality and Social Psychology,* 52: pp.511-524.

Hendrick, S. S. 1981. Self-disclosure and marital satisfaction. *Journal of Personality and Social Psychology,* 40: pp.1150-1159.

Hendrick, S. S., Hendrick, C. & Adler, N. L. 1988. Romantic relationships: Love, satisfaction, and staying together. *Journal of Personality and Social Psychology,* 54: pp.980-988.

Henley, N. M. & Kramarae, C. 1991. Gender, power, and miscommunication. In N. Coupland, H. Giles, and J. M. Wiemann. Eds. *'Miscommunication' and problematic talk*(pp.18-43). Newbury Park, CA: Sage.

Hill, C. T. & Stull, D. E. 1987. Gender and self-disclosure: Strategies for exploring the issues. In V. J. Derlega & J. H. Berg. Eds. *Self-disclosure: Theory, research, and therapy*(pp.81-100). New York: Plenum,.

Hobfoll, S. E. & London, P. 1986. The relationship of self-concept and social support to emotional distress among women during war. *Journal of Social and Clinical Psychology*, 4: pp.189-203.

Holtgraves, T. 1990. The language of self-disclosure. In H. Giles & W. P. Robinson. Eds. *Handbook of language and social psychology*(pp.191-207). Chichester, UK: John Wiley.

Horowitz, M. J. 1976. *Stress response syndromes*. New York: Jason Aronson.

Huston, T. L. & Ashmore, R. D. 1986. Women and men in personal relationships. In R. D. Ashmore & F. K. Del Boca. Eds. *The social psychology of female-male relations: A critical analysis of central topics*(pp.167-209). New York: Academic Press.

Huston, T. L., McHale, S. M. & Crouter, A. C. 1986. When the honeymoon's over: Changes in the marriage relationships over the first year. In R. Gilmour & S. Cuck. Eds. *The emerging science of personal relationships* (pp.109-132). Hillsdale, NJ: Lawrence Erlbaum.

Jacobson, N. S., Waldron, H. & Moore, D. 1980. Toward a behavioral profile of marital distress. *Journal of Consulting and Clinical Psychology*, 48: pp.696-703.

Jones, D. C. 1991. Friendship satisfaction and gender: An examination of sex differences in contributors to friendship satisfaction. *Journal of Social and Personal Relationships*, 8: pp.167-185.

Jones, E. E. & Gordon, E. M. 1972. Timing of self-disclosure and its effects on personal attraction. *Journal of Personality and Social Psychology*, 24: pp.358-365.

Jourard, S. M. 1971a. *Self-disclosure: An experimental analysis of the transparent self*. New York: Wiley- Interscience.

Jourard, S. M. 1971b. *The transparent self* (2nd ed.). New York: Van Nostrand Reinhold.

Karpel, M. A. 1980. Family secrets: I. Conceptual and ethical issues in the relational context; II. Ethical and practical considerations in therapeutic management. *Family Process*, 19: pp.295-306.

Kelvin, P. 1977. Predictability, power and vulnerability in interpersonal attraction. In S. Duck. Ed. *Theory and practice in interpersonal attraction* (pp. 355-378).

New York: Academic Press.

Kessler, R. C., McLeod, J. D. & Wetheringtion, E. C. 1985. The costs of caring: A Perspective on the relationships between sex and psychological distress. In I. G. Sarason & B. R. Sarason. Eds. *Social support: Theory, research and application*(pp.491-506). The Hague: Martinus Nijhog.

Knapp, M. 1984. *Interpersonal communication in human relationships.* Boston: Allyn & Bacon.

Knapp, M L. & Vangelisti, A. L. 1991. *Interpersonal communication and human relationships*(2nd ed.). Boston: Allyen & Bacon.

Kobak, R. R. & Hazan, C. 1991. Attachment in marriage: Effects of security and accuracy of working models. *Journal of Personality and Social Psychology,* 60: pp.861-869.

La Gaipa, J. J. 1982. Rules and rituals in disengaging from relationships. In S. W. Duck. Ed. *Personal relationships 4: Dissolving personal relationships*(pp.189-2 10). New York: Academic Press.

Larson, D. G. & Chastain, R. L. 1990. Self-concealment: Conceptualization, measurement, and health implications. *Journal of Personality and Social Psychology,* 9: pp.439-455.

Lehman, D. R., Ellard, J. H. & Wortman, C. B. 1986. Social support for the bereaved: Recipients' and providers' perspectives on what is helpful. *Journal of Personality and Social Psychology,* 54: pp.438-446.

Levinger, G. 1983. Development and change, In H. H. Kelley, E. Berscheid, A. Christensen, J. H. Harvey, R. L. Huston, G. Leving, E. McClintock, L. A. Peplau & D. R. Peterson. Eds. *Close relationships*(pp.315-359). San Francisco: Reeman.

Levinger, G. & Breedlove, J. 1966. Interpersonal attraction and agreement. *Journal of Personality and Social Psychology,* 3: pp.367-372.

Levinger, G. & Senn, D. 1967. Disclosure of feelings in marriage. *Merrill-palmer Quarterly,* 13: pp.237-249.

Levinger, G. & Snoek, D. J. 1972. *Attraction in relationships: A new look at interpersonal attraction.* Morristown, NJ: General Learning.

Lowenthal, M. F. & Haven, C. 1986. Interaction and adaptation: Intimacy as a critical variable. *American Sociological Review,* 33: pp.20-30.

Maccoby, E. E. 1990. Gender and relationships: A developmental account. *American psychologist,* 45: pp.513-520.

Maccoby, E. E. 1991. Gender segregation in the workplace: Continuities and discontinuities from childhood to adulthood. In M. Frankenhauser, U. Lundberg & M. Chesney. Eds. *Women, work, and health*(pp.3-16). New York: Plenum.

Maltz, D. N. & Borker, R. A. 1982. A cultural approach to male-female miscommunication. In J. J. Gumperz. Ed. *Language and social identity* (pp.195-216). Cambridge, UK: Cambridge University Press.

Markaman, H. J. & Kraft, S. A. 1989. Men and women in marriage: Dealing with gender differences in marital therapy. *Behavior Therapist,* 12(3): pp.51-56.

McAdams, D. P. 1984. Human motives and personal relationships. In V. J. Derlega. Ed. *Communication, intimacy, and close relationships*(pp.41-70). Orlando, FL: Academic Press.

McCornack, S. A. & Parks, M. R. 1986. Deception detection and relationship development: The other side of trust. In M. L. McLaughlin Ed. *Communication yearbook 9*(pp.377-389). Beverly Hills, CA: Sage.

Meichenbaum, D. 1977. *Cognitive behavior modification.* New York: Plenum.

Merton, R. K. 1948. The self-fulfilling prophecy. *Antioch Review,* 8: pp.193-210.

Metts, S. 1989. An exploratory investigation of deception in close relationships. *Journal of social and personal Relationships,* 6: pp.159-179.

Miell, D. & Duck, S. 1986. Strategies in developing friendships. In V. J. Derlega & B. A. Winstead. Eds. *Friendship and social interaction*(pp. 129-143). New York: Springer Verlag.

Mikulincer, M. & Nachshon, O. 1991. Attachment styles and patterns of self-disclosure. *Journal of Personality and Social Psychology,* 61: pp.321-331.

Miller, G. R., Mongeau, P. A. & Sleight, C. 1986. Fudging with friends and lying to lovers: Deceptive communication in personal relationships. *Journal of social and personal Relationships,* 3: pp.495-512.

Miller, L. C. 1990. Intimacy and liking: Mutual influence and the role of unique relationships. *Journal of Personality and Social Psychology,* 59: pp.50- 60.

Miller, L. C. & Berg, J. H. 1984. Selectivity and urgency in interpersonal exchange. In V. J. Derlega. Ed. *Communication, intimacy, and close relationsh ips*(pp.161-205). Orlando, FL: Academic Press.

Miller, L. C. & Berg, J. H. & Archer, R. L. 1983. Openers: Individuals who elicit intimate self-disclosure. *Journal of Personality and Social Psychology,* 44, pp.1234-1244.

Miller, L. C. & Read, S. J. 1987. Why am I telling you this? Self-disclosure in an goal-based model of personality. In V. J. Derlega & J. H. Berg. Eds. *Self-disclosure: Theory, research, and therapy*(pp.35-58). New York: Plenum.

Miller, R. S. & Lefcourt,. H. M. 1983. Social intimacy: An important moderator of stressful life events. *American Journal of Community Psychology,* 11: pp.127-139.

Minuchin, S. 1974. *Families and family therapy.* Cambridge, MA: Harvard University Press.

Moffat, M. J. & Painter, C. Eds. 1974. *Revelations: Diaries of women.* New York: Vintage.

Montgomery, B. M. 1981. Verbal immediacy as a behavioral indicator of open communication content. *Communication Quarterly,* 30: pp.38-34.

Montgomery, B. M. 1984. Communication in intimate relationships: A research challenge. *Communication Quarterly,* 32: pp.318-323.

Morton, T. L. 1976. *Two-dimensional intimacy scoring system: Training manual.* Unpublished manuscript, University of Utah, Salt Lake City.

Morton, T. L. 1978. Intimacy and reciprocity of exchange: A comparison of spouses and strangers. *Journal of Personality and Social Psychology,* 36:pp.72-81.

Neale, J. M., Cox, D. S., Valdimarsdottir, H. & Stone, A. A. 1988. The relation between immunity and health: Comment on Pennebaker, Kiecolt-Glaser, and Glaser. *Journal of Personality and Social Psychology,* 56: pp.636-637.

Newman, H. 1981. Communication with ongoing intimate relationships: An attributional perspective. *Personality and Social Psychology Bulletin,* 7: pp.59-70.

Notarius, C. I. & Johnson, J. 1982. Emotional expression in husband and wives. *Journal of Marriage and the Family*, 44: pp.483-489.

Notarius, C. I. & Pellegrini, D. S. 1987. Differences between husbands and wives: Implications for understanding marital discord. In K. Hahlweg & M. J. Goldstein. Eds. *Understanding major mental disorder: The contribution of family interaction research*(pp.231-249). New York: Family Process.

Park, M. 1982. Ideology in interpersonal communication: Off the couch and into the world. In M. Burgoon. Ed. *Communication yearbook 5*(pp. pp.79-108). New Brunswick, NJ: Transaction Books.

Patterson, M. L. 1990. Functions of non-verbal behavior in social interaction. In H. Giles & W. P. Robinson. Eds. *Handbook of language and social psychology*(pp.101-120). Chichester, UK: John Wiley.

Pennebaker, J. W. 1989. Confession, inhibition, and disease. In L. Berkowitz. Ed. *Advances in experimental social psychology*(Vol. 22: pp.211-244). New York: Academic Press.

Pennebaker, J. W. & Beall, S. 1986. Cognitive, emotional, and physiological components of confiding: Behavioral inhibition and disease. *Journal of Abnormal Psychology*, 95: pp.274-281.

Pennebaker, J. W. & Colder, M. & Sharp, L. K. 1988. Accelerating the coping process. *Journal of Personality and Social Psychology*, 58: pp.528-537.

Pennebaker, J. W. & Hoover, C. W. 1985. Inhibition and cognition: Toward an understanding of trauma and disease. In R. J. Davidson, G. E. Schwartz, and D. Shapiro. Eds. *Consciousness and self-regulation*(Vol, 4: pp.107-136). New York: Plenum.

Pennnebaker, J. W., Kiecolt-Glaser, J. K. & Glaser, R. 1988a. Confronting traumatic experience and immunocompetence: A reply to Neale, Cox, Valdimarsdottir, and Stone. *Journal of Consulting and Clinical Psychology*, 56: pp.638-639.

Pennebaker, J. W., Kiecolt-Glaser, J. K. & Glaser, R. 1998b. Disclosure of traumas and immune function: Health implications of psychotherapy. *Journal of Consulting and Clinical Psychology*, 56: pp.239-245.

Pennebaker, J. W. & O'Heeron, R. C. 1984. Confiding in others and illness rate among spouses of suicide and accidental death victims. *Journal of Abnormal Psychology*, 93: pp.473-476.

Pennebaker, J. W. & Susman, J. R. 1988. Disclosure of traumas and psychosomatic processes. *Social Science and Medicine*, 26: pp.327-332.

Peplau, L., Rubin, Z. & Hill, C. 1977. Sexual intimacy in dating relationships. *Journal of Social Issues*, 33(2): pp.86-109.

Peters-Golden, H. 1982. Breast cancer: Varied perceptions of social support in the illness experience. *Social Science and Medicine*, 16: pp.483-491.

Petronio, S. 1991. Communication boundary management: A theoretical model of managing disclosure of private information between marital couples. *Communication Theory*, 1: pp.311-335.

Pertronio, S. & Bantz, C. (in press). Controlling the ramifications of disclosure: "Don't tell anybody but···". *Journal of Language and Social Psychology*.

Pertronio, S. & Martin, J. N. 1986. Ramifications of revealing private information: A gender gap. *Journal of clinical Psychology*, 42: pp.499-506.

Pilkington, C. J. & Richardson, D. R. 1988. Perceptions of risk in intimacy. *Journal of Social and Personal Relationships*, 5: pp.503-508.

Rawlins, W. K. 1983. Openness as problematic in ongoing friendships. Two conversational dilemmas. *Communication Monographs*, 50: pp.1-13.

Reis, H. T. 1990. The role of intimacy in interpersonal relations. *Journal of Social and Clinical Psychology*, 9: pp.15-30.

Reis, H. T., Senchak, M. & Solomon, B. 1985. Sex differences in the intimacy of social interaction: Further examination of potential explanations. *Journal of Personality and Social Psychology*, 48: pp.1204-1217.

Reis, H. T. & Shaver, P. 1988. Intimacy as an interpersonal process. In S. W. Duck. Ed. *Handbook of personal relationships*(pp.367-389). Chichester, UK: John Wiley.

Rogers, C. R. 1970. *Carl Rogers on encounter groups*. New York: Harper & Row.

Rohrbaugh, M. & Peterson, F. 1986, April. *The primary dyad in black and white families with normal and problem teenagers*. Paper presented at the Annual Meeting of the Eastern Psychological Association, New York.

Rosenblatt, P. & Meyer, C. 1986. Imagined interactions and the family. *Family Relations,* 35: pp.319-324.

Rosenfeld, L. B. & Bowen G. L. 1991. Marital disclosure and marital satisfactions: Direct-effect versus interaction-effect models. *Western Journal of Speech Communication,* 55: pp.69-84.

Rosenfeld, L. B. & Kendrick, W. L. 1984. Choosing to open: An empirical investigation of subjective reasons for self-disclosing. *Western Journal of Speech Communication,* 48: pp.326-343.

Rosenfeld, L. B. & Welsh, S. M. 1985. Differences in self-disclosure in dual-career and single-career marriages. *Communication Monographs,* 52: pp.253-263.

Rubin, Z., Hill, C. T., Peplau, L. A. & Dunkel-Schetter, C. 1980. Self-disclosure in dating couples: Sex roles and the ethic of openness. *Journal of Marriage and the Family,* 42: pp.305-317.

Sarason, I. G., Sarason, B. R. & Pierce, G. R. 1950. Social support: The search for theory. *Journal of Social and Clinical Psychology,* 9: pp.133-147.

Schlenker, B. R. 1984. Identities, identifications, and relationships. In V. J. Derlega. Ed. *Communication, intimacy, and close relationships*(pp.71-104). Orlando, FL: Academic Press.

Selye, H. 1976. *The stress of life.* New York: McGraw-Hill.

Shapiro, A. & Swensen, C. H. 1969. Patterns of self-disclosure among married couples. *Journal of Counseling Psychology,* 16: pp.179-180.

Shaver, P., Hazan., C. & Bradshaw, D. 1988. Love as attachment. The integration of three behavioral system. In R. J. Sternberg & M. L. Barnes. Eds. *The psychology of love*(pp.68-99). New Haven, CT: Yale University Press.

Shimanoff, S. B. 1987. Types of emotional disclosures and request compliance between spouses. *Communication Monographs,* 54: pp.85-100.

Silver, R. L., Boon, C. & Stones, M. H. 1983. Searching for meaning in misfortune: Making sense of incest. *Journal of Social Issues,* 39(2): pp.81-102.

Silver, R. L. & Wortman, C. B. 1980. Coping with undesirable life events. In J. Garber & M. E. P. Seligman. Eds. *Human helplessness: Theory and applicatio ns*(pp.279-375). New York: Academic Press.

Simmel, G. 1950. *The sociology of Georg Simmel* (K. H. Wolff, trans.) New York: Free Press.

Snell, W. E., Jr. 1986. The masculine role inventory: Components and correlates. *Sex Roles,* 15: pp.443-455.

Snell, W. E., Jr., Miller, R. S. & Belk, S. S. 1988. Development of the emotional self-disclosure scale. *Sex Roles,* 18; pp.59-73.

Snyder, M., Tanke, E. D. & Berscheid, E. 1977. Social perception and interpersonal behavior: On the self-fulfilling nature of social stereotypes. *Journal of Personality and Social Psychology,* 35: pp.656-666.

Spanier, G. B. 1976. Measuring dyadic adjustment: New scales for assessing the quality of marriage and similar dyads. *Journal of Marriage and the Family,* 38: pp.15-38.

Stiles, W. B. 1987. "I have to talk to somebody":A fever model of disclosure. In V. J. Derlega & J. H. Berg. Eds. *Self-disclosure: Theory, research, and therapy*(pp.257-282). New York: Plenum.

Stokes, J. P. 1983. Predicting satisfaction with social support from social network structure. *American Journal of Community Psychology,* 11: pp.141-152.

Stuhlmann, G. 1966. *The diary of Anais Nin, 1931-1934.* New York: Harcourt Brace Jovanovich.

Tannen, D. 1986. *That's not what I mean! How conversational style makes or breaks relationships.* New York: Ballantine.

Tardy, C., Hosman, L. & Bradac, J. 1981. Disclosing self to friends and family: A reexamination of initial questions. *Communications Quarterly,* 29: pp.263-268.

Taylor, D. A. & Altma, I. 1966a. *Intimacy-scaled stimuli for use in research on interpersonal exchange* (Technical Report No. 9, MF 022.01.03-1002). Bethesda, MD: Naval Medical Research Institute.

Taylor, D. A. & Altma, I. 1966b. Intimacy-scaled stimuli for use in studies of interpersonal relations. *Psychological Report,* 19: pp.729-730.

Taylor, D. A., Gould, R. & Brounstein, P. 1981. Effects of personalistic self-disclosure. *Personality and Social Psychology Bulletin,* 7: pp.487-492.

Taylor, S. E., Falke, R. L., Mazel, R. M. & Hilsberg, B. L. 1988. Sources of satisfaction and dissatisfaction among members of cancer support groups. In B. H. Gottlieb. Ed. *Marshaling social support: Formats, processes, and effects*(pp.187-208). Newbury Park, CA: Sage.

Thompson, E. H., Jr. & Pleck, J. H. 1987. The structure of male role norms. In M. S. Kimmel. Ed. *Changing men: New directions in research on men and masculinity*(pp.25-36). Newbury Park, CA: Sage.

Tolhuizen, J. H. 1986. Perceived communication indicators of evolutionary change in friendship. *Southern Communication Journal*, 52: pp.69-91.

Tolstedt. B. E. & Strokes, J. P. 1984. Self-disclosure, intimacy and the depenetration process. *Journal of Personality and Social Psychology*, 46: pp.84-90.

Vangelisti, A. 1991. *Family secrets: Forms, functions and correlates*. Unpublished manuscript, University of Texas, Austin.

Vangelisti, A. L., Knapp, M. L. & Daly, J. A. 1990. Conversational narcissism. *Communication Monographs*, 57: pp.251-274.

Waring, E. M. 1979. *The Waring Intimacy Questionnaire(Form90)*. Kingstion, Canada: Author.

Waring, E. M. 1987. Self-disclosure in cognitvie marital therapy. In V. J. Derlega & J. H. Berg. Eds. *Self-disclosure: Theory, research, and therapy* (pp.283-301). New York: Plenum.

Waring, E. M. & Chelune, G. J. 1983. Marital intimacy and self-disclosure. *Journal of Clinical Psychology*, 39: pp.183-190.

Waring, E. M., McElrath, D., Mitchell, P. & Derry, M. E. 1981. Intimacy and emotional illness in the general population. *Canadian Journal of Psychiatry*, 26: pp.167-172.

Waring, E. M., Tillmann, M. P., Frelick, L., Russell, L. & Weisz, G. 1980. Concepts of intimacy in the general population. *Journal of Nervous and Mental Disease*, 168: pp.471-474.

Wegner, D. M., Schneider, D. J., Carter Ⅲ, S. R. & White, T. L. 1987. Paradoxical effects of thought suppression. *Journal of Personality and Social Psychology*, 53: pp.5-13.

Weiss, R. S. 1985. Men and the family. *Family Process,* 24: pp.49-58.

Weiss, R. S. 1990. Bring work stress home. In J. Eckenrode & S. Gore. Eds. *Stress between work and family* (pp.17-37). New York: Plenum.

Westin, A. 1967. *Privacy and freedom.* New York: Atheneum.

Wheeler, L., Reis, H. & Nezlek, J. 1983. Loneliness, social interaction, and sex roles. *Journal of Personality and Social Psychology,* 45: 943-953.

Wills, T. A. 1981. Downward comparison principles in social psychology. Psychological Bulletin, 90: pp.245-271.

Wills, T. A. 1985. Supportive functions of interpersonal relationships. In S. Cohen & Sl. L. Syme. Eds. *Social support and health*(pp.61-82). New York: Academic Press.

Wills, T. A. 1990. Multiple networks and substance use. *Journal of Social and Clinical Psychology,* 9: pp.78-90.

Winston, B. V. 1992, April 9. I have AIDS. *Virginian-Pilot,* pp. A1-A2.

Wortman, C. B. & Conway, T. L. 1985. The role of social support in adap-tation and recovery from physical illness. In S. Cohen & S. L. Syme Eds. *Social support and health*(pp.281-301). New York: Academic Press.

Young, J. E. 1982. Loneliness, depression and cognitive therapy: Theory and application. In A. Peplau & D. Perlman. Eds. *Loneliness*(pp.379-405). New York: John Wiley.

Youniss, J. & Smollar, J. 1985. *Adolescent relations with mothers, fathers, and friends.* Chicago: University of Chicago Press.

자기노출과 마케팅

이두희 | 고려대 교수
임승희 | 전주대 교수
전기홍 | 전주대 교수

자기노출self-disclosure은 주로 심리학 분야에서 연구되어 온 개념이다. 그러나 자기노출의 연구 범위는 비단 심리학 영역에 국한된 것은 아니며, 심리학을 이론적 기반으로 하는 사회학, 가족학, 여성학 등의 여러 학문 분야에서도 활발히 연구되고 있다. 특히 2000년 이후에는 소비자 정보의 중요성이 더욱 강조됨에 따라 마케팅 분야에서도 자기노출 이론을 적용한 연구들이 다양하게 시도되고 있다.

마케팅 전공자들인 역자들 역시 소비자 정보에 대한 관심으로 자기노출에 관심을 갖게 되었다. 이에 역자들의 관심 분야인 마케팅 영역에서 자기노출을 적용한 연구들이 어떻게 진행되어 왔는가에 대해 간략한 소개를 하고자 한다.

먼저 마케팅 분야에서 자기노출 개념과 관련 이론을 적용한 연구들의 시도된 배경을 살펴보면 이는 일대일 마케팅(Peppers & Rogers, 1993)과 관계 마케팅(Berry, 1983)이라는 새로운 마케팅 패러다임의 등장과 밀접한 관련이 있다.

일대일 마케팅과 관계 마케팅 패러다임은 고객의 개인 정보를 바탕으로 표적 고객들에게 선택적으로 개별화된 제품과 서비스를 제공함으로써 고객 충성도를 제고하고 이를 통한 고객과의 장기적 관계 구축을 중요하게 여긴다. 결국 이러한 마케팅 패러다임하에서 기업은 고객에 대한 정보를 많이 그리고 정확하게 획득할수록 더욱 효과적인 방법으로 마케팅 활동을 시행할 수 있다. 즉, 수집된 소비자의 개인 정보를 바탕으로 표적 고객들에게 선택적으로 개별화된 제품과 서비스를 제공할 수 있을 뿐만 아니라 고객 충성도 구축을 위한 개인화된 마케팅 전략과 보상 프로그램을 실행할 수 있다. 또한 이러한 활동 결과로 구축된 고객과의 지속적 관계는 기업에게 지속 가능한 경쟁 우위를 창출하게 한다. 결국 소비자에 대한 정확하고 풍부한 개인 정보를 획득할 수 있는 기업의 능력은 마케팅 실행의 비용 효율성과 효과성을 동시에 실현 가능케 하는 중요한 요인으로 자리매김하게 되었다(Hughes, 1994; Jackson & Wang, 1994).

이와 같은 환경의 변화는 고객 정보 수집의 중요성을 보다 부각시켰으며, 고객 정보 수집에 대한 실무적 관심 증대와 함께 이론적 관심 역시 증대하여 자기노출 이론을 마케팅 상황에 적용하려는 시도들을 촉진시켰다. 이러한 맥락에 있는 연구 흐름은 자기노출의 선행 요인을 규명하는 연구와 자기노출로 인한 결과 요인을 규명하는 연구로 구분될 수 있다.

먼저 자기노출의 선행 요인을 규명하려는 연구들을 살펴보면, 이들 연구는 소비자의 자기노출을 통한 정보 수집 방안에 초점을 맞추며 '어떻게 소비자에게 정보를 공개하게 할 것인가'의 문제를 다루고 있다. 일반적으로 기업이 소비자 정보를 획득할 수 있는 방법은 구축된 데이터베이스 시스템에 의한 간접적 방법과 소비자에게 직접 공개를 요구하는 직접적 방법으로 크게 구분 가능하다.

이 중 데이터베이스 시스템을 이용한 간접적인 방법에 의한 소비자 정보 획득은 정보통신 기술이 발달함에 따라 효율적인 정보 획득 수단으로 인식되고 있다. 그러나 이러한 경로를 통해 수집된 데이터는 주로 소비자의 구매 및 거래 행동 등과 같이 표면적 행동과 관련된 데이터이다. 따라서 이러한 데이터를 마케팅 활동에 의미 있게 활용하기 위해서는 기본적으로 고객 특성과 관련한 프로파일 정보가 요구된다. 또한 고객의 행동 이면의 심리적 정보를 제공해 주지는 못한다는 점에서 원천적 한계를 갖고 있다. 이는 고객의 기본적 프로파일 및 심리적 정보를 획득하기 위해서는 고객 스스로 자신의 정보를 공개하도록 하는 방법에 의존해야 함을 의미한다. 따라서 일대일 마케팅 및 관계 마케팅의 효과적 수행 여부는 소비자들이 자신에 대해 공개하는 정보의 획득 가능성 여부에 의존하게 된다(Moon, 2000). 그러나 문제는 소비자들은 프라이버시에 대한 우려 등으로 기업, 또는 웹사이트에게 자신에 대한 정보 공개를 꺼린다는 사실이다(Hoffman & Novak, 1997). 이러한 요인들로 인해 마케팅 영역의 이론가 및 실무자들은 소비자의 정보 공개를 촉진시킬 수 있는 방안에 관심을 기울이게 되었고, 그러한 관심의 맥락에서 자기노출 이론을 적용해 소비자의 정보 제공 행동을 설명하려는 연구가 시작된 것이다.

문(Moon, 2000)의 연구는 이러한 연구 흐름의 시발점이 된 연구로, 사람들은 컴퓨터와의 관계 형성에 있어서도 기존 대인관계와 같은 행동 양식에 기반하여 행동한다는 사회적 반응 이론(Social Response Theory)에 근거하여 컴퓨터와 소비자의 관계를 바탕으로 컴퓨터에 대한 소비자의 자기노출 행동을 연구하였다. 그 결과, 상호 교환 규범(reciprocity norm)과 순서 규범(sequence norm)에 따라 소비자에게 정보를 요구할 때 소비자들의 정보 공개 수준이 높음이 제시되었다. 문(Moon, 2000)의 이러한 연구 결과는 기존 대인관계에서 제시되었던 자기노출 관련 이론들이 사람과 컴퓨터라는 관계에까지 확장될 수 있음을 밝혔다는 점에서 중요한 의미를 갖는다.

또한 화이트(White, 1999)는 소비자가 어떻게 기업에게 자기노출 여부를 결정하는가를 설명하는 모형을 제안하였다. 이 모형은 공개되는 정보의 유형(재무적으로 위험한 정보, 사회적으로 위험한 정보), 관계의 질, 정보 공개에 대한 대가로 제공받는 보상, 그리고 정보 공개가 요구되는 상황을 자기노출 여부를 결정하는 선행 요인으로 제시하고 있다. 소비자의 자기노출 유발 요인을 규명하고자 하는 시도는 안드레이드 등(Andrade, Kaltcheva & Weitz, 2002)의 연구에서도 찾아볼 수 있다. 연구 결과, 소비자의 정보노출에 대한 위험을 감소시켜 줄 수 있는 프라이버시 정책의 제공, 정보를 요구하는 기업의 높은 명성, 그리고 금전적 보상의 제공이 소비자의 정보 제공 행동에 유의한 영향을 미치는 것으로 나타났다.

한편 기존 연구들이 주로 소비자의 정보 공개의 양적 측면에 주목하고 있음을 지적하며 전기홍, 이두희, 임승희(2005)는 공개된 정보의 양적 측면뿐만 아니라 정확성 측면까지도 고려되어야 함을 제안하며, 관계의 질, 공개가 요구되는 정보의 성격, 보상, 소비자의 정보 통제권의 선행 요인이 공개된 정보의 양과 정확성에 미치는 상이한 영향력을 규명하였다. 그 결과 정보 공개에 따른 개인화된 보상의 제공은 공개된 정보의 양과 정확성 측면에 모두 긍정적 영향을 미치나, 금전적 보상의 제공은 소비자의 정보 공개 양에는 긍정적 영향을 미치는 반면 오히려 정보 공개 정확성에는 부정적 영향을 미쳐 소비자에게 거짓 정보를 공개하게 함을 알 수 있었다.

지금까지 논의한 선행 연구들은 소비자의 자기노출을 기업의 요구에 따라 이루어지는 비자발적 행동을 대상으로 하였다. 그러나 이, 임, 그리고 테일러(Lee, Im & Taylor, 2008)는 소비자들은 자신의 개인 정보 노출을 꺼린다는 기본 가정에도 불구하고, 블로그상에서 그 누구의 요구 없이 자발적으로 개인정보를 공개하는 행동에 주목하며, 이러한 행동을 유발시키는 심리적 동기 요인을 파악하였다. 그 결과 자기표현, 관계관리, 시대조류 부응, 정보공유, 정보저장, 오락, 자기과시의 심리적 요인들이 자발적 자기노출을 이끄는 동기 요인으로 파악되었다.

다음으로 소비자의 자기노출로 인한 결과 요인과 관련한 연구들은 소비자가 기업에게 개인 정보를 제공한 이후 나타날 수 있는 긍정적 효과 규명에 초점을 맞추고 있다. 이러한 맥락에서 제이콥스 등(Jacobs et al., 2001)은 인적 판매 상황에서 소비자에 대한 판매원의 자기노출 행동이 상대에 대한 만족, 신뢰, 그리고 선호도를 높일 수 있음을 제시하였다. 이러한 연구에서 볼 수 있듯이, 소비자의 자기노출의 결과 측면에 주목하였던 연구들은 주로 자기노출을 통한 관계 증진 효과를 제시하고 있다.

그러나 임승희와 이두희(2005a)는 심리학 영역에서 자기노출에 대한 선행 연구들이 오랫동안 지지해 온 자기노출-선호증진 효과에 기반해 소비자의 자기노출을 통해 정보 수신자인 기업에 대한 태도가 증진될 수 있음을 규명하였다. 즉, 그들은 웹사이트와 소비자의 관계에서 소비자가 자신의 정보를 웹사이트에게 공개하는 행동 결과 웹사이트에 대한 태도가 증진될 수 있음을 제시함으로써 소비자의 자기 정보 공개의 중요성을 기존 연구에서 규명하였던 관계 증진 효과에서 선호 증진 효과로 확장하여 제시하였다. 또한 임승희와 이두희(2005b)는 이러한 접근을 확장하여, 인터넷 환경에서 소비자들은 웹사이트와 관계 형성을 할 뿐만 아니라 웹사이트 내에서 또 다른 소비자와 관계를 형성하게 되며, 이러한 관계를 기반으로 소비자 간 정보 교환 활동이 발생한다는 특징을 고려하여 소비자 간 자기노출 행동을 연구하였다. 그 결과, 웹사이트 내 형성된 소비자 관계에서 이루어지는 자기노출 행동 역시 이러한 관계를 매개한 웹사이트 태도에 긍정적 영향을 미침을 규명하였다.

그렇다면, 소비자의 자기노출로 인한 긍정적 효과는 정보 수신자에 대한 직접적 대상에 대한 평가뿐만 아니라 그 대상의 또 다른 행동에 대한 평가에 까지도 영향을 미칠 수 있을까? 이와 관련해 문(Moon, 2003)은 컴퓨터와 사람 간의 상호작용에서 컴퓨터에 대한 자기노출 경험은 부정적 결과에 대해서는 타인에게 귀인하고, 긍정적 결과에 대해서는 자신에게 귀인한다는 셀프서빙 바이어스self-serving bias를 완화시킴을 제시하였다. 또한 임 등(Im et al., 2008)의 연구자는 자기노출로 인해 발생한 효과가 수신자의 또 다른 행동에 대한 평가에 영향을 미치는 것을 전이효과로 규정하고 이를 광고 상황에 적용하였다. 그 결과 소비자의 자기노출 행동은 그러한 정보 수신자인 기업이 하는 또 다른 행동(광고 노출)에 대한 평가에 긍정적 영향을 미치는 것으로 나타났다.

이상으로 심리학에 영역에서 주로 연구되었던 자기노출 관련 이론이 적용된 마케팅 분야의 연구 흐름을 소개하였다. 그러나 자기노출은 관계 형성 및 유지에 매우 핵심적인 개념이기 때문에 자기노출과 관련한 다양한 연구 결과 및 이론들이 여러 영역의 학문 분야에서의 이론 개발을 위한 중요한 토대로 활용될 수 있을 것이다.

참고문헌

임승희, 이두희(2005a). 〈인터넷 상에서 소비자의 자기정보공개 유도를 통한 태도 증진 효과 규명에 관한 연구〉,《마케팅연구》, 20(4), 91-113.

_____, _____(2005b), 〈소비자간 자기정보공개가 웹사이트 태도에 미치는 영향〉, 16(3),《소비자학연구》, 84-108.

전기홍, 이두희, 임승희(2005), 〈정보통제, 보상, 관계질이 자기정보공개의 양과 정확성에 미치는 영향〉,《경영학연구》34(3), 715-738.

Andrade, Eduardo B., Velitchka Kaltcheva & Barton Weitz. 2002. "Self-Disclosure on the Web: The Impact of Privacy Policy, Reward, and Company Reputation", *Advances in Consumer Research*, 29: pp.350-353.

Berry, Leonard. 1983. "Relationship Marketing" in L. Bery, G. L. Shostak, and G. D. Upah. Eds. *Emerging Perspectives on Services Marketing*, Chicago: American Marketing Association: pp.25-28.

Hughes, Arthur M. 1994. *Strategic Database Marketing: The Masterplan for Starting and Managing a Profitable, Customer-Based Marketing Program*, Chicago: Probus Publishing.

Jackson, Rob & Paul Wang. 1994. *Strategic Database Marketing*, Lincolnwood, IL: NTC Publishing.

Jacobs, Ricard S., Hyman Michael R. & Shaum Mcquitty. 2001, "Exchange-Specific Self-Disclosure, Social Self-Disclosure, And Personal Selling", *Journal of Marketing Theory and Practice*, 9(1), pp.48-62.

Lee, Doo-Hee, Seunghee Im, and Charles R. Taylor. 2008. "Voluntary Self-Disclosure of Information on the Internet: A Multimethod Study of The Motivations and Consequences of Disclosing Information on Blogs", *Psychology and Marketing*, 25(7): pp.692-710.

Moon, Young Me. 2000. "Intimate Exchange: Using Computers to Elicit Self Disclosure from Consumers", *Journal of Consumer Research*, 26: pp.323-339.

_________. 2003. "Don't Blame the Computer: When Self-Disclosure Moderates the Self-Serving Bias", *Journal of Consumer Psychology*, 13(1&2): pp.125-137. Hoffman and Novak, 1997.

Peppers, Don and M. Rogers. 1993. *The One-to-One Future: Building*

Relationships One Customer at a Time, New York: Doubleday.
Im, Seunghee, Doo-Hee Lee, Charles R. Taylor, and Catherine D'Orazio. 2008. "The Influence of Consumer Self-Disclosure on Web Sites on Advertising Response", *Journal of Interactive Advertising*, 9(1).
White, Tiffany Barnett. 1999. "Deciding to Reveal: Consumer Disclosure Management in Consumer/Seller Relationship", Unpublished Doctoral Dissertation, Duke University.

옮긴이

이두희 미시간 주립대학교에서 경영학 박사 학위를 취득했고 고려대학교 경영대학 교수로 재직 중이다. 고려대학교 기업경영연구원장, 마케팅연구센터 소장, 한국소비문화학회와 한국광고학회의 회장을 역임하였으며, 아시아태평양국제교육협회(APAIE)를 설립하고 현재 회장 직을 수행하고 있다. 인터넷 마케팅과 광고 분야에서 활발한 연구 활동을 하고 있으며, 이러한 연구 성과는 Journal of Advertising, Psychology and Marketing을 포함한 국내외 유수 저널에 50편 이상의 논문과 사례로 발표되었다.

임승희 고려대학교에서 경영학 박사 학위를 취득하고 전주대학교 경영대학 조교수로 재직 중이며, 현재 한국소비문화학회, 한국마케팅관리학회, 한국문화경제학회의 이사 및 편집위원으로 활발한 활동을 하고 있다. 소비자 행동 분야 중에서도 특히 여성 소비자 및 온라인 소비자 행동, 그리고 소비자의 자기노출 행동에 연구 관심을 갖고 있으며, 이러한 연구 성과는 국내외 주요 학술대회와 Psychology and Marketing, Journal of Interactive Advertising, 경영학연구, 마케팅연구 등을 포함한 다수의 유수 저널에 발표되었다.

전기흥 고려대학교 대학원 경영학과에서 마케팅 전공으로 경영학 석·박사학위를 취득했고, 현재는 전주대학교 경영학부 부교수로 재직 중이다. 주요 관심 분야는 인터넷상에서의 소비자 행동과 마케팅 커뮤니케이션 분야이며, 최근에는 브랜드 관리 관련 연구를 수행하고 있다. 경영학 연구 등에 20여 편의 논문을 발표하였으며, 이러한 연구결과를 바탕으로 한국광고학회 이사, 한국마케팅관리학회 이사, 한국상품학회 간사, 대한민국학술원 경영학 우수저서 평가위원, 한국능률협회 제품가치 평가위원 등을 역임하였다.

자기노출

친밀한 관계 형성의 중요한 요소

초판발행 2009년 9월 25일
초판 1쇄 2009년 9월 25일
지은이 V.J. 델레가 외
옮긴이 이두희·임승희·전기홍
펴낸곳 **고려대학교출판부**
www.kupress.com
kupress@korea.ac.kr
136-701 서울특별시 성북구 안암동
02-3290-4230, 4232
Fax 923-6311
찍은곳 (주)동화인쇄공사

ISBN 978-89-7641-698-8 93180

값 12,000원

*잘못 만들어진 책은 바꿔드립니다.